印心・超生

趙詠珍——編著

禪宗第八十五代宗師

悟覺妙天禪師的慈悲行誼與智慧開示

——悟覺妙天禪師官方授權撰述——

悟覺妙天

目錄

悟覺妙天禪師序

靈性的嚮導

靈性來人間投胎有其神聖的目的，就是為修行而來，不是為生兒育女升官發財而來。期望這一趟來人間了能找到明師修到正法，找到回到靈性故鄉的路。可惜大多數人都迷失在娑婆世界的太虛幻境，終其一生只知為自己心理或生理欲望的滿足而忙碌，在爭名逐利聲色犬馬的生活中，忘卻內在真我（靈性）真正要的是什麼？就這樣一生又一生反覆著。

在故鄉（佛界）的智者，看到人類沉淪生死輪迴的痛苦，心生惻隱之悲心，不得不也下來人間，和光同塵，接引教化，千方百計想帶所有靈性回家。可是回家的路有別於世間的馬路或高速公路，那是非物質的光，是普通人肉眼看不見的光，故稱為「光明大道」。

在宇宙光譜中能看到的部份只佔不到五％，其餘九十五％因看不見，統稱為暗物質，其實非物質。就是人類普遍執著於「眼見為憑」的科學精神，而耽誤光明大道的探索。

要找到真正的真理大道，只有修行釋迦牟尼佛真傳的禪宗正法、在「戒、定、慧、解脫」的修行過程，將自己的物質細胞淨化提昇到精神的層次產生精神體，再讓精神體昇華到光的層次，以此光體來見內在的本體（自性），這才是真正的見性，換言之，就是找到真正的自己。

此時才是真正修行的開始，修能成就佛菩薩、返回佛國故鄉的正法（光明大道），此時光明大道才現端倪。禪宗是見性起修，就是這個道理。禪宗「佛心傳心」傳的就是聖靈之光（佛光），禪門弟子修的就是「光」。

「見性」與「成佛」是此光明大道的起點與終點，只要踏上返鄉的道路，返回故鄉（佛國淨土）就指日可待。我常對弟子們說，我從故鄉來，深知故鄉事，跟著我這位嚮導，我帶你們全部安返家園，絕不會迷路。

有位弟子趙詠珍女士，由於她的宿世善根因緣，才入門不久就能見證禪宗正法的諸多不可思議力量，於是發心要介紹我這位嚮導給有緣人，寫了一本《印心·超生：禪宗第八十五代宗師 悟覺妙天禪師的慈悲行誼與智慧開示》，想告訴世人我這位來自北極星（紫薇星又名智慧星）的嚮導，在寶島台灣己一步一腳印，默默耕耘快四十年，真心想帶一群人回家。太多人因不認識我，才不肯登上我開往佛國的法船，實在令人惋惜。趙女士救世心切，用心良苦，幫我宣傳法船資訊，好讓更多有緣人趕乘佛國法船，開往常寂光淨土，故我樂為之作序。

佛祖心印禪宗第八十五代宗師

謹識

編著者序

寫不完、道不盡
師父對世人的大愛和恩典

筆者學佛了十六年，在更早求學年輕時，也在基督教中一直不斷尋找宇宙真理，更在諸多古代聖賢書籍、易經等浩瀚叢書中，找尋何為究竟永生、究竟解脫，卻不得其解。

生命對我們來說就是一個恩賜，意識到每個人的獨特性，要歷經多少艱辛才能達到如今這種狀態，或者說，要經歷多少個生、多少個死，直到福慧因緣具足，才能明白生命的真諦，也才活出滋味，雖然一路荊棘，又驚鴻般的短暫，但是卻要像夏花一樣絢爛，更要勇敢的接受生命中的一切。

這是一個美麗卻有遺憾的世界，生死如謎般的令人不知所措，一個人要歷經多少的生生世世，才能等到這樣的一個「盼」，才能讓今生不虛此行。

「人在做，天，真的在看」，福德、善緣、願心都具足了，這是我這一生最大的幸運和福氣。我永遠忘不了二〇一七年十月二十一號，師父在台中中興大學的一場演講，師父講「佛陀成佛正法與超生命禪」帶給我的震撼，真是筆墨難以形容。機會是給準備好的人，從此開始了我人生奇妙的行旅，感恩上天給了我這個福份，找到了自己所要追尋的聖人，並把祂的一生奇妙恩典分享給天下有緣人。

累世的浮沉，就等這一刻，百世一人，小女子何德何能有此因緣、福報，竟能夠為全宇宙無量世原始至尊、最不可思議奇哉聖妙的大佛祖，寫下我對祂永恆的感恩，謝謝祂在這一世揀選了我，拯救了我的法身慧命，讓我不再掉入茫茫痛苦的輪迴深淵中……

這位證道的住世聖佛，應該就是現在佛教徒心靈中一直尋尋覓覓，最渴望求遇到真正證道成佛的世尊，是讓自己心靈得度的明師！寫不完道不盡……祂對世人的大愛和恩典，感恩師父大慈大悲的不離不棄，感恩祢的再造之恩，弟子今生不虛此行，幸會了！

弟子　趙詠珍　恭敬頂禮

悟覺妙天禪師　簡介

聖光禪教會、釋迦牟尼佛救世基金會宗師

悟覺妙天禪師，誕生於西元一九三四年。因童年時期飽嚐戰爭之苦、母親早逝，幼小心靈已體會到人間空苦無常，開啟了追求靈性解脫的悟性。

禪師在四十歲時自軍職退休，遍訪各大宗教尋師訪道，後因發大願，得遇禪宗第八十四代宗師敬哉禪師，實修實證釋迦牟尼佛以來，禪宗代代真傳、佛心印心之印心佛法，經八年苦修，四十八歲時證入無上佛道三身成就，自禪宗初祖摩訶迦葉尊者起，為禪宗第八十五代宗師。

禪師畢業於國防管理大學，也曾在文化大學政治研究所研究，於一九九三年獲得日本東洋醫學哲學研究院哲學博士學位，並於一九九九年榮獲日本文化振興會頒發世界文化獎章、美國紐約國際教育學院授予榮譽哲學博士榮銜，成就備受國內外肯定。禪師證道後，也曾考量以何身份弘揚佛陀正法。在台灣及華人世界，都執著於出家法相（剃度、穿袈裟）的環境下，要以在家居士的身份來弘揚心靈無相實相

佛祖心印
禪宗宗師法脈傳承

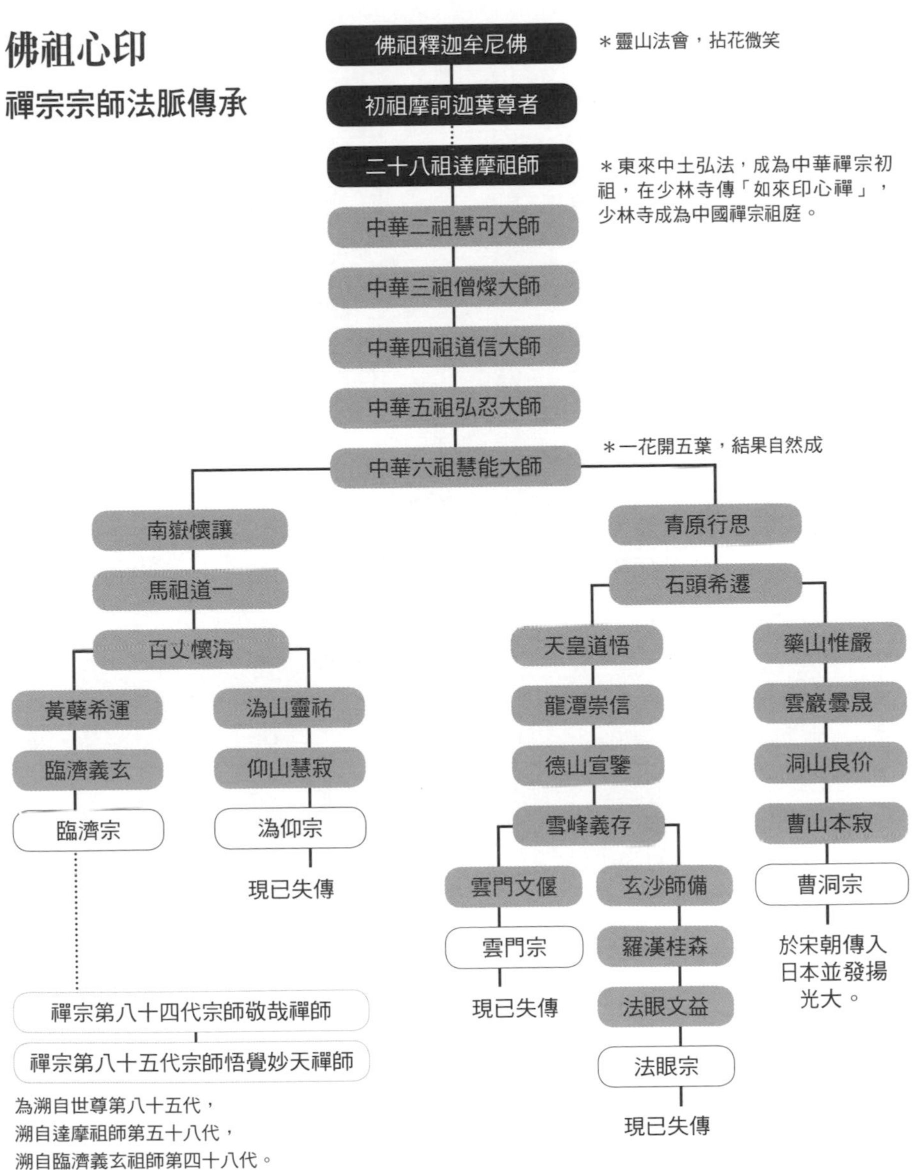

註：小乘佛法及傳統佛教不必講究法脈傳承，因為可以自修，但聖光禪教之心印傳承即聖光證量傳承，非常注重傳承嗣法源流的真實性，非證道明師無法傳承聖光心印。

的微妙法門，困難度極高。但事實上，佛與這些「相」毫無關聯，世尊在《金剛經》中也說：「離一切諸相，即名諸佛」。因此幾經思惟考量，禪師毅然以在家居士身份入世弘法，打破一切相法修行的傳統窠臼，指引眾生進入離相修佛的正確道路，可說是用心良苦。

弘法迄今（二〇一九）三十六年來，宗師重新將「禪」從人間的三度空間，提升到四度空間，讓無數人因為得到宇宙的聖靈之光而提升靈性層次、層層解脫身心靈之苦。祂傳的聖光妙法，最終的目的，是要讓全人類都能轉汙濁的靈體成為光明的聖靈，再得到聖靈之光而解脫回到光明的世界。只要人人都能修聖光印心禪，就能得到內心的清淨、平靜與光明，充滿大愛，締造世界和平。

靈山法會　拈花微笑

禪宗緣起於兩千五百年前，世尊在涅槃前三個月的靈山法會上「拈花微笑」。當時，佛陀手持大梵天王所供養的金色蓮花，不說一語，全場只有摩訶迦葉尊者破顏微笑。因此，世尊將最珍貴的「佛心印」與所有修行的證量傳承，以「佛心傳心，佛心印心」的方式傳給了尊者，而摩訶迦葉尊者也因此成為西天禪宗初祖。

世尊於傳佛心印後開示：「吾有正法眼藏，涅槃妙心，實相無相，微妙法門，

二〇〇三年一月十九日金剛經佛法班，於台北南港大禪堂

2017年佛陀成佛正法與超生命禪演講會，拈花微笑

不立文字，教外別傳，付囑摩訶迦葉。」此一「佛心印心」的印心佛法，就是禪宗的傳承。

祖師東來　傳佛心印

此後，摩訶迦葉尊者又將世尊的「佛心印」與禪宗法脈一代一代的傳下來，直到第二十八祖菩提達摩祖師，秉承其師第二十七祖般若多羅尊者之囑東來中土弘法，成為中國禪宗初祖。

達摩祖師將佛心印與衣缽傳給二祖慧可大師，二祖再傳三祖僧燦大師、四祖道信大師，五祖弘忍大師到六祖慧能大師。六祖為避殘害隱居十五載後，於廣東韶州曹溪寶林寺，現出家相正式開山弘法，弘揚「直指本心，見性成佛」之印心頓悟法門。

2007 年禪師在河南嵩山少林寺進行歸宗拜祖大典

禪師邀請釋永信方丈至台北南港大禪堂為同修開示

禪師與釋永信方丈在少林寺

禪宗第八十五代宗師　悟覺妙天禪師

慧能大師於圓寂之前預言：「七十年後，有二菩薩從東方來，一出家、一在家，同時興化，建立吾宗，締緝伽藍，昌隆法嗣」，此後禪宗始分出家、在家二脈。

悟覺妙天禪師承接禪宗臨濟宗法脈傳承，自禪宗初祖摩訶迦葉尊者起為第八十五代宗師，中國禪宗菩提達摩祖師起為第五十八代宗師，自臨濟宗臨濟義玄祖師起則為第四十八代宗師。

中國禪宗祖庭法脈接軌

一九九九年十月，代表中國禪宗祖庭的河南嵩山少林寺住持釋永信方丈，函請敦聘禪師榮任嵩山少林寺副住持。

釋永信方丈更於二〇〇四年二月，率領少林武僧團來台進行宗教文化交流，就在禪宗第八十五代宗師悟覺妙天禪師，與釋永信方丈雙方互贈「金剛經了義集註」及「少林寺鎮山寶劍」的儀式下，完成了與中國禪宗祖庭劃時代的法脈接軌、追本溯源世紀工程，也讓海峽兩岸之間佛教的脈動發展，有了明確的銜接。

二〇〇七年十月，禪師亦親自率領一千多位精英弟子前往河南嵩山少林寺，進行殊勝的歸宗拜祖大典。中國禪宗正統法脈從台灣回溯中土的傳承，也在這一場盛會中重新開啟，在佛教兩千五百年的發展史上，為重要的里程碑。

弘法三十六載

從印心禪法到聖光印心禪

悟覺妙天禪師證道之後，普見人心險惡，倫常喪盡，道德不彰，治安敗壞，共業所感，天地災變不斷發生。感慨之餘，遂感責任重大，誓願轉末法為正法，讓世尊二千五百年前的正法再現人間；讓佛教徒不再浪費生命執於「方便法」之修持，皆能修直指人心、見性成佛的「正法眼藏」。

都市道場．開堂弘法

一九八三年，禪師正式開堂弘法，在台灣各地創辦禪修道場，開啟道場都市化的先河，之後各佛教山頭亦起而傚之，紛紛也在都市設立道場。

1987 年，大覺如來精舍成立

1988 年於新店屈尺設立中國禪宗佛院

1990 年於台北士林成立妙天天禪世界，可容納千人上課。

1995 年與羅馬尼亞官方進行宗教交流。

1995 年禪師獲當時菲國總統羅慕斯（左二）接見。

1990 年，禪師與當時的經濟部長蕭萬長（中）、次長江丙坤（右）愉快晤談。

禪學教育・普及教化

一九八八年，禪師創辦「財團法人中國禪學印心法發展基金會」（後更名為中華民國印心禪學文教基金會）。以禪學教育的學術方式，弘揚世尊真傳的正統佛法「印心禪法」，並於全台各大專院校、中小學及政府機關、民間社團、公司行號等地普設禪學社、扶助社教，同時也到監獄、看守所等地以禪定修行的方法協助受刑人及煙毒收容人戒毒，教化工作延續至今。

期間禪師亦經常前往世界各國進行宗教文化交流，包括大陸、新加坡、日本、紐西蘭、韓國，並親自率團前往俄羅斯、羅馬尼亞、菲律賓，並獲當時菲律賓總統羅慕斯及多明尼加總統接見。

印心佛法・正統修行

一九九九年九月，禪師創辦「社團法人台灣禪宗佛教會」。因不忍見世尊正法淪落至偏執的相法修行，禪師自覺應負起正法弘化之責，提出「打破傳統相法修行，回歸正統正法修行」的真修實證修行要旨，導入「明心見性，見佛成佛，清淨智慧，圓滿圓覺，當下開悟，一世成佛」的禪宗正法修行。此時弘法方向從文教性質之印心禪法，進入正宗正統之印心佛法。

1989 年密宗白教轉世活佛菩曼仁波切皈依悟覺妙天禪師

2003 年致贈龍稱法王金箔法相

台灣禪宗佛教會會員定期至南港大禪堂上課

2000 年，丹麥約翰阿甘博士來訪

2014 年舉辦「329 青年領袖大團結」活動，吸引近六千位大專院校學生參與盛會

2012 年美國禪訓營

2017 年禪師為美國聖光山禪修中心的師兄姊上課

2011 年起，禪師開示智慧法門、圓滿法門，台北南港大禪堂座無虛席，台中會館與海外師兄姐同步連線參與。

內聖外王・領袖培育

二〇〇〇年六月，禪師創辦「財團法人世界領袖教育基金會」。禪師認為，不管是國家領袖還是政府官員，除了擁有領導能力及專業知識，還應具備宗教家的慈悲胸懷，才能發揮民胞物與的精神，大公無私的為百姓服務。因此，基金會著力在培育「內聖外王」的青年領袖，一方面以禪定的力量開發內在本有的大智慧，另一方面輔以領導才能的專業訓練，以「偉大、完美、博愛、和平」為信念，為實現「五洲共和、全球一家」的理想努力。

地球佛國・人人作佛

二〇一一年十月，禪師創立「財團法人釋迦牟尼佛救世基金會」（簡稱「救世會」），正式提出「地球佛國，人人作佛」的理念。

悟覺妙天禪師身為禪宗第八十五代宗師，其願力就是要將兩千五百年前釋迦牟尼佛的正法再現，這也是救世會的成立宗旨。當禪師證道時入甚深禪定，得釋迦牟尼佛佛力加被造化，與世尊法身合而為一，即當下實證佛陀已為娑婆世界眾生建立了一個淨土世界，也就是世尊的「地球佛國」。當所有的修行人都能遵照世尊真傳「佛心傳心、佛心印心」的正法修行，依照「戒、定、慧、解脫」以及「清淨、智慧、圓滿、圓覺」的內涵深入靈修，地球就能成為天堂，也就是「地球佛國」。

為了讓更多民眾更方便親近佛法，禪師亦透過電視媒體弘揚世尊正法，從二〇〇五年東森綜合台及東森廣播網的《金剛經真修實證》開始，到二〇一三年台灣藝術台的《印心佛法智慧法門》，二〇一八年的《印心佛法專修講座》等持續不墜，也是印心佛法在世間弘傳的一個重要里程碑。

聖光充滿・永生天堂

二〇一六年，禪師成立「聖光禪教會」，正式邁入以「聖靈之光」和基督宗教與伊斯蘭教對話的國際弘法階段，大力提倡人人皆可修行聖光印心禪。同年，美國喬治亞州聖光山禪修中心成立。禪師說，聖光的本質在任何宗教信仰或修行法門裡都是一樣的。祂是宇宙造化的大生命力、大智慧力和大造化力，是所有生命所本有的，也是生命的奧秘。這也是禪的本質，即純真、至善、完美。

禪師說，每個人的靈性都是來自宇宙的聖靈之光、來自天堂。需要透過禪修來超越人的法界，才能回到聖光的法界。一個人不需要成為佛教徒就可以修行聖光印心禪，聖光和禪的精髓適用於任何人。修行聖光印心禪對每個人都有益處，它更可與自己原先的信仰或修行法門相輔相成，同時可以提升和強健身心靈，獲得健康和長壽，完善我們的品德，獲得內在的智慧及真正的幸福。

妙天禪師在三十六年的弘法過程中，已經有超過二十萬名修行者追隨過他。他曾在全台灣各地建立超過兩百個以上的禪修道場，目前在台灣的北中南部共有四個可容納千人以上的大禪堂，其中最大的台北南港大禪堂可容納三千人以上，同時設立了三個重要的佛寺，隨時廣結善緣，濟貧扶弱。

萬人大法會
眾生靈性齊依歸

在禪師弘法的三十六年間，曾在全台各地主持過多場超過萬人的人天大法會，弘揚禪宗明心見性，見佛成佛的無上妙法。每一場法會都吸引了數以萬計的民眾前往參加。

宗教界最盛大—「印心禪法、見性成佛」大法會

一九九五年十二月十七日在桃園體育場舉辦的「印心禪法、見性成佛」大法會，計有六萬餘人參加，轟動全台政經

1995 年「印心禪法、見性成佛」大法會

1999 年「迎接二十一世紀世界和平」大法會

悟覺妙天禪師敲響和平鐘

界及宗教界。其中有多位政壇貴賓出席，包括邱創煥（時任考試院長）、陳履安、王清峰（時為正副總統候選人）、謝長廷（時任立法委員與副總統候選人）、黃主文（時任內政部長）等人，堪稱國內宗教界歷年場面最浩大的弘法盛會。

跨世紀超度—「迎接二十一世紀世界和平」大法會

一九九九年十二月「迎接二十一世紀世界和平大法會」，則是特別為台灣九二一大地震及二十世紀兩次世界大戰戰爭亡靈、及全世界眾生所舉辦的跨世紀超度祈福大法會，約有三萬多名信眾參與。會場中外嘉賓雲集，包括賴比瑞亞總統特使強那森泰勒先生、駐華大使康明斯先生、日本親王六條有康殿下、美國紐約國際教育學院總裁布理克博士等人，儀式備極莊嚴肅穆。禪師並於會中榮獲日本文化振興會六條有康殿下頒發國際文化大賞獎章及獎狀。

遍灑甘露—觀世音菩薩慈悲法相畫展

二〇〇二年台灣禪宗佛教會在台北國父紀念館舉辦「觀

世音菩薩慈悲法相畫展」，全省十萬信眾前來參觀造成轟動。二〇〇三年於同一地點再辦畫展，參觀人次超過二十萬餘人，是近年來國內最大規模的佛教文物展覽。

正法再現—「地球佛國人人作佛」大法會

舉辦於二〇一二年一月二十九日、建國百年的新紀元時刻，禪師以撥亂反正、反璞歸真的信念，擘畫此大法會。當天現場聚集一萬餘出家、在家的修行人與貴賓、有緣大德同霑法露。法會中，禪師以殊勝的實相無相境界開示「修行的智慧」，並明白揭示釋迦牟尼佛的修行及證道歷程，帶來地球佛國、人人作佛的美好願景；法會末了，禪師更為所有與會信眾消災祈福，開智慧、開佛門，萬分殊勝難得。

觀世音菩薩慈悲法相畫展

傳揚聖光印心禪，造福當地社會大眾，更在加州大學演講會上，公開表示將來要陸續到世界各國弘法。

二〇一七年八月六日《佛陀成佛正法與超生命禪》演講會於台北國際會議中心舉行，近六千人參加。悟覺妙天禪師在演講中明示生命的三項構成：肉身、精神體和靈性。人除了身體以外，還有會思考的「精神體」，以及來自宇宙天國、佛國的「聖靈」，三者合一成為人的生命體，其中，「聖靈」是修行得以回歸天國的關鍵。禪師說：「二千五百年前釋迦牟尼佛就是看到人民生活痛苦，佛要去救這些人；現在我看到了靈性的痛苦、魂魄的痛苦，我自己對自己說，這些痛苦，我要擔下，要帶大家跟我一起『回家』；要把真正的佛法，從台灣

2017 年於中興大學惠蓀堂的《佛陀成佛正法與超生命禪》演講會，全場滿座

傳到世界各地。」

二〇一七年十月二十一日《佛陀成佛正法與超生命禪》演講會於中興大學惠蓀堂，五千多人參加，創下惠蓀堂有史以來的滿座紀錄。演講會上，悟覺妙天禪師特別為現場所有與會者打通任督二脈，幫助民眾未來在身心靈的修練更為容易，眾人皆讚歎不已！真正的佛法是不在經典裡的，要透過禪修的真修實證和生活中的實踐來落實。

二〇一七年十二月十六日《佛陀成佛正法與超生命禪》演講會於高雄展覽館，與會人數近四千位。悟覺妙天禪師於演講中提出許多振聾發聵的觀念，**如世尊證道時「夜睹明星」，並非睜眼觀看天上繁星，而是指佛陀在禪定中見證身體化為虛空，每顆細胞都閃閃發亮如宇宙星辰而證道。禪師也指出，世尊當年修行時既沒有經典，也無「佛」可念，可見修行不一定要執著剃頭、念經、念佛等外相，應該智慧修行。**

二〇一八年十月十八日，於台北市召開政黨成立大會，正式成立國會政黨聯盟。並於第一屆全國黨員代表大會中，選任悟覺妙天為黨主席。

社會關懷與貢獻

妙天禪師長期對台灣及其他地區提供大量的社會關懷。

- 一九九〇年五月四日，作為中國禪學印心法發展基金會的創辦人，妙天禪師向中華民國僑務委員會捐贈了新台幣十萬元，用於連繫台灣與海內外華人。
- 一九九二年六月一日，開辦「天安聯合診所」，除為會員診治一般性疾病外，並提供社區醫療服務，從醫療角度切入弘揚印心禪法工作。
- 一九九六年八月二十一日，台灣發生賀伯颱風造成嚴重災害，禪師慷慨捐出新台幣一百萬元，濟助賑災活動，並與正聲廣播電台聯合發起電話及傳真捐款活動，當天在節目進行的一小時內，就募集達五十萬元。
- 一九九九年九月，妙天禪師前往受災最嚴重的台灣九二一大地震災區探視，並發起為地震遇難者募款。
- 二〇〇三年一月二十四日，妙天禪師發起會員捐贈活動，將所得數百件的捐贈毛衣及三色光行李袋，捐贈給在新竹松園及宜蘭靖廬的收容人。

●二〇〇三年五月十二日，台北市在SARS病毒的威脅之下，妙天禪師立刻將採購自國外的兩萬個N95防護口罩，贈送該遭到隔離的社區及台北市振興醫院、仁愛醫院等十餘所醫療單位。

●二〇〇三年六月十一日，台灣禪宗佛教會捐贈大型行李箱十三箱給新竹大陸人民收容中心，提供被收容的大陸同胞在返鄉時使用。

●妙天禪師致贈兩千只大型行李袋給收容在新竹松園的大陸同胞，作為返鄉時裝置行李之用。

●二〇〇五年一月一日，妙天禪師捐贈兩百萬元，為東南亞海嘯災民進行慈善募捐活動。

●二〇〇六年四月二十一日，台灣禪宗佛教會持續贊助宜蘭與新竹兩處大陸人民收容中

1999年禪師親赴921地震災難現場，了解災情。

2009 年捐贈新台幣一千萬元於內政部，推動八八水災重建工作。

2004 年禪師捐出兩百萬元認購歐豪年名畫，響應南亞賑災（東森電視台／提供）

2006 年 SARS 爆發，禪師捐贈兩萬個 N95 防護口罩，台北市政府特頒感謝狀。

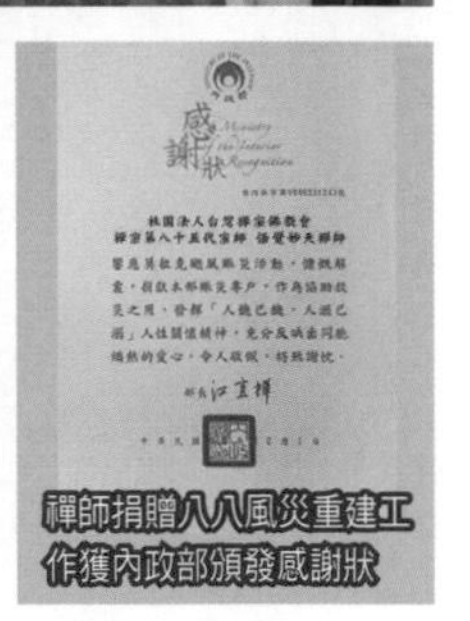
禪師捐贈八八風災重建工作獲內政部頒發感謝狀

心，以改善收容中心大陸人民的生活品質，共捐贈該中心約五十萬元相關所需物資。

●二〇〇八年五月十九日，台灣禪宗佛教會為協助大陸四川汶川強震災區賑災，發起善心募款活動。

●二〇〇九年八月十一日，妙天禪師捐贈了一萬包的平安米至莫拉克颱風重創的較嚴重災區，包括甲仙鄉與屏東地區。

●二〇〇九年十二月二十二日，禪教會捐贈一千萬元予內政部，為莫拉克颱風災區心靈與物質重建投注建設經費。為此內政部特舉辦捐贈儀式，妙天禪師親自出席。

●二〇一二年十月十八日，釋迦牟尼佛救世基金會捐贈五百一十六萬元給七個弱勢團體代表。

●二〇一四年七月三十一日至八月一日深夜，高雄發生一連串瓦斯氣爆事故，造成重大人員傷亡及破壞。釋迦牟尼佛救世基金會捐款十萬元用於救災。

●二〇一四年十月二十六日，救世會所屬高雄禪修會館，與立委黃昭順、林國正服務處，高雄各大學領袖社，各大社團及前鎮區與苓雅區二十個里辦公處，共同舉辦「平安幸福音樂會暨祈福演講會」公益活動，為高雄氣爆災區居民祈福。

●二〇一四年十一月十四日，聞名世界的中國殘疾人藝術團一行人應妙天禪師的邀請訪台，禪師特別在台北新生禪修會館接見所有團員，並為其一對一靈療加持，讓聾者可以當下聽見聲音，啞者可以開口講話跟著禪師唸一二三。

●二〇一四年十一月十五日，中國殘疾人藝術團應禪師的邀請，在台北國際會議中心大會堂，為關懷弱勢與台灣祈福公益而演出「我的夢——二〇一四千手觀音」，現場座無虛席。

●二〇一七年九月三日至二十三日，聖光禪教會在大台北地區辦理「一〇六年樂活人生系列講座」共四場免費公益講座。

●二〇一八年二月六日，台灣花蓮發生大地震傷亡損失慘重，禪師以個人名義捐贈新台幣壹佰萬元于花蓮縣政府賑災專戶，以協助急難救助。四月二十六日禪師榮獲花蓮縣政府頒發 0206 花蓮大地震賑災「感謝狀」。

對弱勢兒童及家庭的關懷與協助

二十多年來，妙天禪師也致力於協助有特殊需要的弱勢族群。二〇一三年，成立「台北市特殊教育關懷協會」，協助有特殊需要的兒童和需要心理輔導的成年人，將教育與禪修結合在一起。

●一九九一年五月一日，於台北北投道場開辦「兒童啟智班」及「兒童學障復健班」，為智障兒童開啟智慧，嘉惠許多智障兒童。

●一九九六年九月五日，妙天禪師開設禪

修靈療課程，透過禪的療癒能量幫助腦性麻痺兒童及其家長。

●二〇一三年成立「臺北市特殊教育關懷協會」，致力於幫助特殊孩童及有精神困擾的成人，找到一個合適的方針或平台處理其既有困擾。主要結合了來自醫療、教育、學術等各方面的專業人才及資源管道，以提供每位參與者一個合適的資訊平台，得到完善的照顧。目前不定期舉辦育幼院教職員及一般暨特殊兒童關懷活動及課程、公益音樂會、特殊孩童栽培計畫、公益講座及身心障礙者關懷等系列活動。

🌐網站：https://taipeisecasupport.weebly.com/

●二〇一三年十一月七日，臺北市特殊教育關懷協會邀請妙天禪師親傳「健康快樂禪」，為一般心理困擾者、成人相關精神疾患、兒童身心困擾等族群授課。

●二〇一四年八月四日，中華國際智慧光協會的成立，旨在為弱勢兒童和家庭創造一個支持性環境，通過禪修來追求智慧和幸福。該協會希望通過舉辦各種活動，讓弱勢兒童和家庭感受到愛和尊重，並幫助引導他們走向更加美好的未來。協會自成立以來，舉辦過多場講座、課程、營隊活動，推動各項公益計劃、智慧教育至各機關團體學校及社區、家庭，目前已和許多公家機關、學校合作過。協會已在台北和高雄舉辦以魔術和動畫為主題的音樂會，並邀請弱勢學生，兒童和家庭參加這些活動。

●中華國際智慧光協會網站：https://wisebeam.weebly.com/

反毒與解癮戒毒

自一九九五年起，妙天禪師持續前往並派遣專業禪修老師前往各監獄、戒治所，開辦禪修解毒課程。

二〇一五年初，妙天禪師輔導設立中華民國解癮戒毒協會，與政府合作接受政府轉介的吸毒個案，協助他們戒毒。

解癮戒毒協會每年接受臺北地檢署轉介輔導吸毒個案共六百餘位，進行「全人康復計畫」，已辦理「正念減壓班」共八十六班，共六百四十場次，專業心理諮商約七百人次，並搭配就業輔導、親子輔導，全面扶助毒品個案回歸社會。

協會成立四年以來，成效斐然，有效降低臺北地檢署毒品個案再犯情況，緩起訴失敗率自五十七％降至二十八％，一九九七年底更獲臺北地檢署檢察長親贈感謝狀予以肯定。

1995 年起禪師為台北看守所煙毒收容人教授印心禪法

2018 年中華民國解癮戒毒協會榮獲新北市人民團體「領航金獎」殊榮

二〇一八年八月十五日，新北市政府舉辦人民團體領航金獎表揚，協會以反毒宣導、藥癮戒治、人才培訓與科學研究工作四大領域的卓越貢獻而獲獎接受表揚。

◉解癮戒毒協會網站：http://www.hda.com.tw

青年教育與領袖培養

面臨全球天災地變人禍不斷，生命財產損失、居住環境日益惡化，妙天禪師認為青年們既身為地球上的一份子應該挺身而出，以挽救國家、社會、世界，導正正確觀念；特於二〇〇〇年六月三日成立「財團法人世界領袖教育基金會」，積極培育「內聖外王」真領袖，提升人的靈性、改變人的品質，致力實現大同世界的理想。

在世界領袖教育基金會成立大會中，亦邀請陳總統水扁先生蒞臨致詞，受邀大會貴賓有內政部部長張博雅、總統府資政姚嘉文、青輔會主委林芳玫、立法委員沈富雄、馮滬祥、顏錦福等出席致賀，參加社會青年約三千餘人。二〇〇三年十一月一日，領袖會正式成立「台灣政經學院」，定期邀請國內外學者專家舉辦各類型政治、經濟專業課程，加深社會大眾對於公共議題的關心與了解。

領袖會每年定期舉辦各類研討會、論壇、禪訓營、服務隊及各類培訓活動，培育大專院校英才無數，歷年共計近五萬五千人次大專院校學生參與。舉辦的活動包

含台灣青年全球論壇、全球青年領袖高峰會、海峽兩岸青年論壇、兩岸四地學生文化夏令營、3Q高中青少年領袖成長營、國中國小生命關懷服務隊、領袖禪訓營、領袖會數位城鄉計畫及二〇〇九年時為響應八八水災所舉辦的慈善音樂會等。

每年寒暑假舉辦兩至三梯次、至今已舉辦三十一屆的領袖禪訓營，培育大專院校英才無數，歷年共計近兩萬人次大專院校學生參與，讓這些青年領袖們肯定自己的生命價值，並且引導以服務全人類為目的的人生觀，建立積極進取的態度。

●世界領袖教育基金會網站：https://www.wlef.org

弘法大事紀

● 一九三四年　妙天禪師誕生在台灣屏東。

● 一九七三年　妙天禪師拜在禪宗第八十四代宗師敬哉禪師座下，開始真修實證世尊佛心真傳的印心佛法。

● 一九八一年二月十九日　妙天禪師見證自性並蒙諸佛佛力加被造化，證得無上菩提三身成就，成為禪宗第八十五代宗師，繼續延續佛教禪宗法脈傳承。

● 一九八三年　妙天禪師正式開堂弘揚印心禪法。從一九八三年到一九八九年，他首先在台北市設立六個禪修道場，首開台灣道場都市化的先河。

● 一九八九年　從五月開始，妙天禪師受到全台灣各大專院校，政府機構，私人公司行號，社團組織等之邀請，前往講授印心禪學。

● 一九九〇年五月十日　在台北銀行成立第一個禪學社，參加的社員超過一百人以上。從此，超過一百個禪學社遍布在全台灣各級學校，大專院校，政府機構，私人公司行號，及社團組織等。

● 一九九〇年八月十二日　台灣最大的禪修道場「台北妙天天禪世界」在台北市成立，可容納超過九百人。自此之後，妙天禪師開始擴張並普設禪修道場，遍及台灣各大主要城市。

● 一九九三年七月一日　妙天禪師以一篇「實現世界和平的禪」博士論文，獲得日本東洋哲學研究院哲學博士榮銜。

● 一九九四年五月十日　第一個海外禪修道場在紐西蘭設立，禪師將印心禪法帶給紐西蘭人民。

● 一九九四年六月十三日　妙天禪師親自率團前往俄羅斯，進行宗教文化及經貿訪問交流活動。

●一九九五年三月七日　妙天禪師親赴菲律賓弘揚禪宗正法，獲當時菲律賓總統羅慕斯接見。

●一九九五年三月十九日　妙天禪師率弟子一行人，前往羅馬尼亞進行官方接觸，並弘揚印心禪法。

●一九九五年十二月十七日　於桃園縣立體育場舉辦「印心禪法、見性成佛」大法會，全省共有六萬餘民眾參加，盛況空前，轟動全台政經界與宗教界。

●一九九九年二月六日　每年寒暑假為大專青年籌畫舉辦「青少年3Q成長營」，專門招訓全國大專院校優秀青年，藉成長營訓練培養青少年的PQ、IQ、EQ（體能、腦力及情緒管理），並接引禪修，每年培訓數百位學生。

●一九九九年九月二十四日　「台灣禪宗佛教會」於台北劍潭海外青年活動中心經國廳正式成立。

●一九九九年十月十四日　大陸河南嵩山少林寺函請敦聘禪師榮任嵩山少林寺副住持。

●一九九九年十二月十二日　於桃園巨蛋體育館舉辦「迎接二十一世紀世界和平大法會」，當天共有來自全台灣各地及國內外來賓約三萬餘人參加，並由禪師為九二一大地震及二十世紀中所有因戰爭而罹難的苦難亡靈進行超度儀式。

●二〇〇〇年一月十五日　妙天禪師接受中華信義神學院院長俞繼斌牧師、丹麥國際宗教對話中心主任約翰阿甘博士，就瞭解佛教與基督教能否異中求同而交換意見。

●二〇〇三年三月六日　妙天禪師在台北南港大禪堂開設「金剛經真修實證」課程，期許禪宗弟子們能早日開悟，精進修行早日見性得道。

●二〇〇三年九月十三日　西藏密宗白教止貢噶舉派唯一出生在台灣的轉世活佛－菩曼仁波切，應禪師之邀，蒞臨台北南港大禪堂為印心佛法弟子們演講，並親傳「六字大明咒觀音法門」。

●二〇〇三年十月十八日　西藏密宗黃教登巴法王至台北南港大禪堂為印心佛法班上課會員開示。

●二〇〇四年二月十四日　中國禪宗祖庭少林寺住持釋永信方丈，率領中國六大寺住持及少林武僧團來台進行十五天宗教交流，超過六千位信眾參與這段期間的各式宗教交流活動。

●二〇〇五年一月八日　妙天禪師主講的《金剛經真修實證》課程，於東森綜合電視台（ETTV）與東森廣播網（ETFM）同步播出，開啟了印心佛法電視弘法的序幕。

●二〇〇七年十月十三日　妙天禪師率領千名佛陀禪宗弟子從台灣出發，回到中國禪宗祖庭河南嵩山少林寺歸宗拜祖，終讓法脈在相隔兩百多年後，再次接軌，此次行程，在禪宗延續兩千五百年的發展史上意義重大。

●二〇〇八年四月十四日　妙天禪師前往美國南加州參加禪訓營，親自為海外同修們教授禪定法。

●二〇一一年十月一日　妙天禪師於台北南港大禪堂舉行「財團法人釋迦牟尼佛救世基金會」成立大會，與會同修五千餘人。

●二〇一二年一月二十九日　妙天禪師於台北小巨蛋舉辦「地球佛國人人作佛」大法會，超過一萬多名弟子與會。

●二〇一二年十月十四日　於台北小巨蛋舉行「印心佛法禪修見證發表會」，約兩萬人參加，另有四千餘人無法進場。會後並發動愛心公益捐款，共募得五百一十六萬元。

●二〇一三年三月四日　妙天禪師每週一於天母禪修會館親傳「印心佛法專修班」，共八講。全台禪修會館以及海外同步視訊連線聞法。

●二〇一三年三月五日　妙天禪師每週二於天母禪修會館親傳「印心佛法精修班」，共十六講。全台禪修會館以及海外同步視訊連線聞法。

●二〇一三年十一月二日　妙天禪師每週六上午於台北南港大禪堂親傳「金頭腦開發培訓」，共六講，全台三千多位領袖會大專團青年及社青團學員共同上課參加培訓。

●二〇一五年七月七日　妙天禪師每週二於天母禪修會館親傳「印心佛法傳心法門」，為期半年。全台禪修會館八千多人以及海外同步視訊連線聞法。

●二〇一六年七月五日　妙天禪師每週二於天母禪修會館親傳「無上傳心法門」，為期半年。全台禪修會館近萬人同步視訊連線聞法。

●二〇一七年五月十二日　妙天禪師成立「聖光禪教會」，正式邁入以「聖靈之光」和基督宗教與伊斯蘭教對話的國際弘法階段。

●二〇一七年七月一日　妙天禪師受邀前往美國，在加州大學爾灣校區 Barclay 劇院，進行「生命的秘密 The Secret of Life」演講會，聽講者來自各種不同文化膚色與宗教信仰，座無虛席，盛況空前。美國眾議院，加州核桃市皆頒發表揚狀給妙天禪師及美國印心禪機構。

●二〇一七年七月三~五日　妙天禪師前往美國喬治亞州聖光山禪修中心進行禪定教學行程。

●二〇一七年八月六日、十月二十一日、十二月十六日　妙天禪師分別在台北，台中，高雄主講三場大型的「佛陀正法與超生命禪演講會」，由聖光禪教會主辦，參加演講會的台灣信眾超過一萬六千人。

●二〇一八年八月四日　妙天禪師於台北南港大禪堂開設「禪宗印心佛法與般若心經」免費公益講座二個月，全國道場視訊連線上課，海內外約有兩萬人共襄盛舉。

相關著作出版品

中文出版書籍（含影音有聲書）

- 《印心佛法專修講座》，二〇一八
- 《生命的秘密》，二〇一七
- 《禪宗佛偈法語》，二〇一三
- 《菩薩六度萬行》，二〇一二
- 《印心禪法十轉聖位》，二〇一二
- 《金剛般若波羅蜜經了義集註》，二〇一二
- 《大佛心印廿五年》，二〇一一
- 《佛說四行》，二〇一〇
- 《金剛經真修實證》，二〇〇九
- 《佛祖心印》，二〇〇八
- 《禪的造化力》，二〇〇七
- 《禪的智慧力》，二〇〇七
- 《禪與禪的生命力》，二〇〇七
- 《真如實相》，二〇〇五
- 《悟覺妙天禪師的禪修世界》，二〇〇五
- 《真禪妙法》，二〇〇四
- 《覺悟入道》，二〇〇四
- 《明師正法》，二〇〇四
- 《正法修行》，二〇〇四
- 《大佛心印廿年》，二〇〇三
- 《成佛從修禪開始》，二〇〇二
- 《禪定帶來幸福美滿》，二〇〇二
- 《改變命運的智慧禪》，二〇〇二
- 《智慧禪學》，二〇〇〇
- 《妙天禪師開示錄》，一九九九
- 《禪的真如世界》，一九九五
- 《妙天禪師法語》，一九九五
- 《禪修之路》，一九九二

中文網站

- 聖光禪教會 https://www.zen.org.tw/tlife
- 釋迦牟尼佛救世基金會 https://www.buddhachan.org
- 世界領袖教育基金會 https://www.wlef.org
- 禪天下出版公司 https://www.zencosmos.com.tw

英文出版書籍 Published Books

- Spiritual Light of the Universe（宇宙聖靈之光），二〇一六
- Introduction to Sitting Chan（禪坐入門），二〇一一

英文影音 Video

- Spiritual Light of the Universe（宇宙聖靈之光）, 2016
- A brief Introduction of Heart Chan (digital media included)（印心禪法簡介）
- The Secret of Life, a lecture at Medicine Buddha Temple in April, 2017(digital media included)（生命的秘密）
- Chan Introduction Class（印心佛法專修講座）8 videos, 1.5 hours each
- Recapturing 35 Years of Teaching Chan: Master Wu Chueh Miao-Tien（妙天禪師弘法三十五週年回顧）

英文網站 Websites

- 釋迦牟尼佛救世基金會英文網站 https://www.buddhachan.org/en/
- 美國聖光印心禪 http://www.heartchan.org/

日文出版書籍

- 《宇宙聖靈之光》
- 《迎接 21 世紀世界和平大法會手冊》
- 《禪的境界》，1989

第一篇

悟覺妙天禪師的慈悲行誼

第一講

悟覺妙天禪師法脈傳承

一身禪意千尋瀑，萬古宇宙北極星

為政以德，譬如北辰，而眾星拱之——《論語・為政篇》

《論語・為政篇》中有一句「為政以德，譬如北辰，居其所而眾星拱之」，意思是「以道德教化來治理政事的領導者，就像北極星，百姓臣民都會圍繞在他的周圍」，用來形容廣受眾人敬仰的禪宗第八十五代宗師悟覺妙天禪師，沒有比這句話更適合的了。《爾雅・釋天》更提到「北極謂之北辰」，北極星又稱為紫薇星。師父就如同曖曖內含光般的璞玉，散發著大慈愛的光芒，吸引著眾生圍繞著祂，並帶領著眾弟子回到永恆的故鄉，一個有仁愛之心的領導者不就該如此嗎？

明代神奇聖人王陽明在中國歷史上是一位「立德、立言、立功」三不朽的聖人，他講「知行合一」，強調把思想轉化成行為，古今中外有不少王陽明的粉絲：張居正、梁啟超、孫中山、蔣介石、蔡元培、松下幸之助、稻盛和夫，而這些跟隨他理念的粉絲，都有一個共同的特質，便是胸懷大志、立志勤奮讀書、以後想成為聖賢之人。

作為一代大儒，也是心理學大師，王陽明對立志和人生的關係，有著獨到的見解，他說：一個人若想要做出一番事業，「首先要立志」，否則就會一事無成。不僅如此，即便是各種工匠技藝，也都要靠著堅定的意志，才能學有所成。

人們常說：「一個人的理想往往決定於他的高度」，燕雀焉知鴻鵠之志，鴻鵠是要像大鵬展翅翱翔於九天之高，盡收天下於眼中，而燕雀卻不知道去到千萬里有何用，能夠觸及榆樹和枋樹就心滿意足了。

王陽明從小便胸懷大志，立志要勤奮讀書，以後成為聖賢之人。有一次，年僅十二歲的王陽明在書館裡問他的老師：「何為第一等事？」老師答道：「唯讀書登第耳。」王陽明竟堅持著懷疑的態度反駁：「登第恐未為第一等事。」老師反問他，那什麼才是人生的頭等大事？王陽明說：「讀書學聖賢耳。」

讀書學做聖賢，這樣大的志向正是出自少年王陽明之口，他認為登第當狀元只是外在的成功，而讀書做聖賢才是追求內在的修養，才能夠永垂不朽。

我們成年人看來，王陽明的口氣未免有些張狂，和他的年紀相比起來，甚至還帶著點滑稽與可笑。但就是這樣崇高的志向，對王陽明以後的生活產生了深遠的影響，在思考和實踐的過程中，他常常以這個為標準，來回答和解決生活當中出現的問題。

只要有崇高深遠的志向，那麼無論想成就什麼事業都有可能，所以立志十分重要，心學大師王陽明正是在自己志向的帶動下，才一步一步走向成功。即便後來受到種種磨難，他也沒有放棄。「不立志，即一事無成。」心之所想，終能抵達。

悟覺妙天師父是祂眾弟子們心中的紫薇星（智慧星），曖曖閃爍著聖光，永遠指北，是很多學人永不迷失的生命方向，祂是暖、是愛。眾弟子今生幸會了祂，是何等大的福氣，託師父的福氣，也把自己站成了永恆。

在家居士弘法　維摩詰居士是典範

禪師證道後，躊躇於何等身分開始弘揚佛陀正法，因為祂是在家居士，可是在台灣及整個華人世界都執著於出家法相的環境下，是難以被認識或接納的，故要與在家居士的身份來弘揚佛法，困難度極高。

但事實上，佛與這些「相」是毫無關係的，世尊在《金剛經》中也說：「離一切諸相，則名諸佛」。幾經思維考量，最後禪師毅然決然，以在家居士身份入世弘法，是最能利益眾生的。

所謂出家，是出離人間的、世俗的、三界之家，也就是一心一意，要讓靈性從千百億萬劫以來的流轉輪迴中，得到解脫。讓靈性能夠回到佛國、回到天堂、回到光明的世界。而這不管你是出家，還是在家，都一樣可以成就，這是每一位修行人都應該有的共識。

學佛的人都知道在釋迦牟尼佛同時代，有一位佛教的大修行者名叫維摩詰居士，佛經中有提到祂是古佛「金粟如來」的應化身，祂是從妙喜世界來到娑婆世界，所以「妙」就是我們的種姓。那一世祂化生在家居士，幫助釋迦牟尼佛宏揚佛法，於過去世第三十一劫毗舍浮如來之時，曾為釋迦牟尼佛的兄弟。

祂雖然家財萬貫，富居千金，卻樂善好施。平日救助貧民，不執著於外相，為度化眾生，祂既可向天神說法，亦不棄世上執迷的王公貴族以及不肯信佛的外道人士，甚至在妓院、賭場向貪歡求樂的鄉民說法，是故其聲名遠播。

一次，維摩詰居士稱病在家，釋迦牟尼佛知其想藉機說法，故欲遣十大弟子等羅漢與諸菩薩前去探視。但他們皆因曾受維摩詰居士指正，而婉拒佛的差遣。佛於是請以智慧聞名的文殊菩薩往視，文殊菩薩應允，諸菩薩、羅漢等隨行。探視中，文殊菩薩與維摩詰居士探討佛法，每每相與推敲而道盡機鋒，不時妙語如珠而語驚四座，諸高僧大德遂對維摩詰居士及兩位菩薩更為崇敬。

維摩詰居士欲醫治眾生之病。所謂病，當然非指生理而指精神層面。而滌除病根之方就是向眾生傳授可以解縛的「不二法門」，讓其親證空性本來無生，即得以明白疾病之根源在於「執著」。

維摩詰居士示疾而引大眾前去詢疾問病，藉此因緣廣為眾生說法，並提出與之相關的種種設問，繼而向大眾教導「空觀」的大乘佛法。其思想，相當程度上影響了後世的大乘佛教，特別是禪宗。

此外，南朝的謝靈運、昭明太子及唐朝大詩人王維、李白等，都曾經以維摩詰居士為尊崇的對象。尤其是王維的名與字，其典故即出自維摩詰居士。維摩詰居士雖富而不吝，好濟貧施僧，曾廣種福田，故財源不斷。

悟覺妙天禪師這一生的種種事蹟與之對照，不也是一位現代版的維摩詰居士？

紫薇聖人降世人間的預言

二〇一一年我看到「預言中國聖人會在這個時代出現」這篇文章，文中提到：「全世界五大宗教幾乎所有的預言都提到，在我們這個時代會出現一位救世聖人，稱其為紫薇聖人、末世聖人、救世主或彌賽亞，聖人將來自東方，所以很可能西方預言的彌賽亞與佛教預言的彌勒、道家預言的紫薇聖人，是同樣的一位救世聖人。我們似乎發現，中國傳統文化中的世界大同夢想終將會在這個時代實現。」

這篇文章讓我看了不禁嚇了一跳，想起曾經看過悟覺妙天禪師在一九八四年的一張照片，最早時禪師承租一間小公寓，設立紫薇禪堂，入室弟子約二十人，我不禁陷入了沉思中。文章這樣描述這位中國紫薇聖人：

一、中國古代《推背圖》、《武侯百年乩 1933》、《劉伯溫燒餅歌》、《金陵塔碑文》、《步虛大師預言》、《宋邵康節先生梅花詩十章》、《乾坤萬年歌》等都預言著中國聖人的出現。

《推背圖》「第四十四象」頌曰：而今中國有聖人，雖非豪傑也周成，四夷重譯稱天子，否極泰來九國春。「第四十七象」頌曰：無王無帝定乾坤，來自田間第一人，好把舊書多讀到，義言一出見英明。這兩象都預示著民間聖人的出現，「雖非豪傑也周成」，「豪傑」指的是政界人物，意思是雖然不是政界人物但以周全、周成的理論思想而成就。「四夷重譯稱天子」，指四方各國重新翻譯他的文章、理論，並稱其為天之子、上天的使者，可見其對世界的影響力之大。「無王無帝定乾坤，來自田間第一人」，指聖人是來自民間，且通過其理論、學說來成就事業，而不是通過建造帝業來定乾坤。「好把舊書多讀到」，顯然聖人要悉心鑽研傳統文化，聖人的理論、學說必定會涉及到傳統文化。

《推背圖》還說到：這位真神從民間中出生，告訴人類要生於憂患，自我反省和自律，要有信仰和愛心，唯有愛才可以穿越時空，唯有愛可以造化蒼生。

《燒餅歌》道：「未來教主臨下凡，不落宰府共官員，不在皇宮為太子，不在僧門與道院，降在寒門草堂內，燕南趙北把金散。」可以看出，聖人不是官員、不是皇宮太子達官貴族、不是僧人也不是道人，但卻是「未來教主」，可見其超然的理論、學說體系，足以震撼、觸動各個宗教，並最終實現對宗教的提升，走向宗教大同之路。

二、伊斯蘭教《古蘭經》關於爾薩聖人降世的預言、《佛經》中《法滅盡經》關於佛教彌勒佛祖再次降世的預言，以及《聖經》、《諸世紀》等的預言中都預示著，在世界的東方中國將有聖人出世。

穆罕默德說：「爾薩聖人降世時，先有十大徵兆：煙霧（火山爆發、森林大火）、騙子（商品經濟畸形發展和不法資本橫行）、地獸、日由西升、爾薩下降、耶朱者與馬朱者，東方地陷、西方地陷、阿拉伯地陷（到處是地震）、火由也門冒出，驅人到復生場上。」「爾薩聖人要降世，他毀十字架（統一各個宗教）……」可見聖人在一個極端環境下出世，而且要毀掉十字架，也就意味著提升宗教，並統一各宗教。

對於彌勒佛降世的預言，亦有明代劉伯溫國師與明太祖朱元璋對話記錄，數百年來在佛教中秘密流傳，後傳至吉林省農安寺廟中，又輾轉傳出。對話內文如下：「帝曰：末後道何人傳？」溫曰：「有詩為證：不相僧來不相道，頭戴四兩羊絨帽，真佛不在寺院內，他掌彌勒元頭教。」這也可以看出，聖人雖然涉獵傳統文化，涉獵宗教，但卻不在寺院內，不在寺院內卻能統領宗教，那麼其理論、學說、言行對宗教應該形成一種震撼作用。

由以上預言可以看出，所謂紫薇聖人，其實就是佛教預言的彌勒佛祖降世，就是伊斯蘭教預言的爾薩聖人降世，就是基督教預言的耶穌降世，同指一人，所謂「三教聖人」。由此看出，紫薇聖人不僅是中國的聖人，也是世界的聖人，他要提升宗教、實現宗教大同，實現全人類認識進程的重大跨越。

以佛教的說法來說，這位聖王是大徹大悟的肉身佛，王生於人間，在家則為聖王，出家則得正覺成佛。彌勒只是一種佛的號稱，就是大慈悲的意思。而基督教的說法，紫薇聖人＝救世主＝光明之神＝太陽神＝彌賽亞。百靈咸仰德，兩千年一聖人。聖人必定是早已經知天命和知天機之人，祂遵從使命按部就班的走自己的路，祂無須宣布自己是聖人。

預言中的這位聖人，是超凡脫俗具有超人的智慧和能力的人。造福人群，是真命天子，這個人原來是紫薇星（紫薇星又稱為智慧星，也就是我們眾所皆知的北極星，它如如不動，是光明之地，也是淨土），紫薇星定國安民功德聖。紫薇聖人做為紫薇星下凡，有其重要的歷史使命。紫薇星古稱帝星，是世界級的聖人之心，將為全世界所矚目。既然紫薇聖人是世界的聖人，所以祂的事業就是針對全世界、全人類的事業，而不僅僅是局限在某個國家的國內事情，世人看到紫薇聖人，卻不一定會認得祂是聖人，不知道祂是天地合德之人，能夠救度末世眾生的時代聖人。

從祥瑞之兆和預言來看，都在告訴人們聖人已在世間，我們可以用自己的善來判斷，可別錯過了這千載難逢的機緣。不論從道教、儒教、佛教、基督教，只是名稱的不同，只要依據自身的宗教理念並不斷向人們給予慈悲的人，就能夠見到紫薇聖人。也就是佛教所說的轉輪聖王東來彌勒佛，道家稱為紫薇聖人，祂既不是僧人、道人也不是達官貴族或總統，但卻能統領宗教，在民間以超然的開悟之道，引領各種傳統文化，以宗教走向大同之路，並化解亂世根源，普度眾生，化解災難，重新締造乾坤，為萬世開太平之人。

我對末法時代、世界的種種亂象，心中有著很深的憂慮，看到這篇文章時，我不禁深深期盼，聖王真如所有聖典所預言出現在人間，為末法時代匡亂反正，再回歸到正法時代。

認識師父的緣起

二〇一七年我因為與一位腸胃肝膽科醫師合著身心靈健康書籍，而被邀請去演講，與會的來賓中有一位悟覺妙天禪師的弟子，演講後她過來和我聊了一下，我送了現場每一位來賓自己剛出版的書，希望每個人都能身心靈健康。

這位女士從事絲巾事業，想邀請我去台中中興大學聽一場「佛陀成佛正法與超生命禪」演講，我看她一臉單純真誠，而剛好我對追尋真理一向非常求知若渴。

當時我已學佛十四年，因為沒有辦法滿足我對佛法了解得更深入，好多年都沒有再去任何道場。我沒有任何資格去評斷任何人，只能說自己福德不夠，無法遇到高人點化，讓自己能夠真正得到大智慧，如釋迦牟尼佛一樣的解脫，一世成佛。

我當下就答應她了，說我孤陋寡聞，雖學佛十四年，但一直無緣認識「禪宗高法」，當時真的不清楚悟覺妙天師父是何方高人，因為學佛以後我很少看電視和報紙，而且有幾年倫敦唸書，所以後來也很少看國內節目和報導，加上工作繁忙，大部分時間都在自己的專業用功，缺乏因緣和福報來認識這樣的聖人。

我正好認識一位在北京的大哥，他年輕的時候從北京到拉薩教當地學生數學，研學佛法及打太極拳近四十年，他每天都一大早起來禪定並帶領一群學生打太極拳，偶而參與太極拳世界大會，更了不起的是他位居官場，滿腹學問，卻非常的謙沖為懷，退休後在四海孔子學院教導中國傳統聖人之武藝，有著修行者的涵養，令我非常尊敬。

於是我就在微信請教他，對這位悟覺妙天禪宗師父的「印心佛法」，可以去瞭解嗎？怎麼我那麼多的學佛朋友都反對我去認識祂。大哥告訴我，緣，一切隨緣，要我去認識和了解這位師父，因為那些反對祂、說祂不好的人，是自己修為境界不夠，再加上師父被有心人利用媒體惡意毀謗，所以讓大家看不清這位師父精彩不凡的證量。

與我合著健康書籍的腸胃肝膽科醫師也是如此說，自己親自去認識最重要，在真理的追求上要自己去體悟，不要道聽塗說，以訛傳訛。

我很慶幸，生命中這兩位貴人給了我很強大的信心，終於踏上認識禪宗「印心佛法」、認識師父之旅，中興大學那場演講讓我永生難忘，師父說的真理是我這輩子沒有聽過的，實驚為天人，句句打入我的心，我從此踏上尋師禪修之路，認真找到回家的路。

在著手寫這樣一位當代歷史性了不起的佛祖聖人，禪宗第八十五代宗師悟覺妙天禪師，我有一個很大的心願，希望祝福所有看到本書的人，開卷能如芝麻開門Open Sesame一樣，可以到達黃金光明宮殿的佛國淨土，讀者能因看到此書，而得到源源不絕的身心靈祝福。

英國文豪塞繆爾．詹森說：「寫作的唯一目的，是幫助讀者更能享受或更能忍受人生。」同樣的，讀書的目的「也是在加強對人生的感受，如果你此時正春風滿面，或是正忍受著人生一些失意和痛苦。」我相信讀書可以遇見更美好的自己，一本好書甚至可以改造自己的命運，我們也可以說一個時代創造了一本書，就如同時勢一樣也可以創造英雄，可以改變人類歷史的書也正是出現在世界需要改革的時機。

印心佛法

兩千五百年前，靈山法會上的「拈花微笑」，釋迦牟尼佛將「佛心印」傳給禪宗初祖迦葉尊者，並開示：「吾有正法眼藏，涅槃妙心，實相無相，微妙法門，不立文字，教外別傳，付囑摩訶迦葉，不令斷絕。」

翻成白話，世尊是說：「我有真正能夠成就佛陀的法門，可以撥開你們的智慧眼而證得，能夠成就永生不滅的佛身，這至高無上的法，用凡眼看不到，無法用文字說明，而是用另一種特別的方式傳承。」

這特別的方式，正是禪宗代代相傳的「印心佛法」，以佛之心，傳人之本心，以佛性傳佛性，以佛之法身，傳佛之應身，此一傳佛心印，是為禪宗之真正傳承。

禪宗法脈上從迦葉尊者到二十八祖中華禪宗初祖達摩祖師，達摩祖師再將佛心印與衣缽傳給二祖慧可大師，二祖再傳三祖僧燦大師、四祖道信大師、五祖弘忍大師，再一直傳承到人盡皆知的六祖慧能禪師，一花開五葉就是禪宗五大教派（臨濟宗、法眼宗、曹洞宗、雲門宗、溈仰宗），目前還存留在世上的就是在宋朝時候傳入日本並發揚光大的曹洞宗。

另外一個宗派就是中華臨濟宗，也就是悟覺妙天師父所傳承的禪宗法脈臨濟宗，師父是溯自臨濟義玄祖師第四十八代宗師，溯自達摩祖師第五十八代宗師，從迦葉尊者下來是整個禪宗傳承的第八十五代宗師。

特別說明的是，在禪宗「宗師」與「傳人」地位是不一樣的，傳人的意思是「傳授給別人」，能夠傳承某種學術、技藝使它流傳的人；而宗師是在佛教傳其宗法，是成就非凡、受人尊崇可奉為師表模範的人。小乘佛法及傳統佛法不必講究法脈傳承，因為可以自修，但聖光禪教之佛心印傳承即聖光證量傳承，非常注重傳承嗣法源流的真實性，非證道明師無法傳承聖光心印。

禪宗歷代重要祖師

禪宗初祖，摩訶迦葉尊者

此一「拈花微笑」典故，便是禪宗「佛佛傳佛、不傳二佛，佛心印心、不印二心，佛心傳心、傳佛心印」之印心佛法的法源，也是世尊住世說法四十九年即將入涅槃前之真傳，真正能讓與佛師相應印心、同心同行同體之印心弟子見性成佛的無上微妙法門，一切密意盡在真傳心法之中，非關語言文字，故此一佛心傳心、佛心印心之傳法，便成為禪宗的傳承。

禪宗十四祖，龍樹尊者

世尊於靈山法會上將正法眼藏付囑摩訶迦葉尊者，摩訶迦葉尊者遂為禪宗初祖，再傳禪宗二祖阿難尊者、三祖商那和修尊者，在印度總共傳承二十八代祖師，至菩提達摩祖師。

西天二十八祖除達摩祖師外，以第十四代龍樹尊者對後世中國禪宗成宗影響最深。龍樹尊者著作極豐，造論之多世所罕見，遂有「千部論主」美稱。後世基於尊者所著《中論》而宣揚空觀之學派稱為「中觀派」，並奉尊者為中觀派始祖，亦被尊為中國大乘佛教八宗之祖。

禪宗二十八祖中國禪宗初祖，菩提達摩祖師

二十八祖菩提達摩祖師受法於二十七祖般若多羅尊者，並遵其指示東來中國傳佛心印，最終衣缽弟子慧可大師成為中國禪宗二祖，菩提達摩祖師則被尊為中國禪宗初祖。

達摩祖師付法時曾言：「內傳法印以契證心，外付袈裟以定宗旨。」並留下傳法偈：「吾本來茲土，傳法救迷情，一華開五葉，結果自然成」。

中國禪宗六祖，慧能大師

中國禪宗自初祖開始，除了傳佛心印之外，也傳衣缽作為信物。二祖慧可傳三祖僧燦，三祖傳四祖道信，四祖傳五祖弘忍，五祖傳六祖慧能，並依達摩祖師所言衣止六代。在六祖慧能大師之後，「一華開五葉，結果自然成」，於六祖門下之南嶽懷讓禪師與青原行思禪師後，開展五家七宗（五門七派）——臨濟宗（楊歧派、黃龍派）、曹洞宗、雲門宗、溈仰宗、法眼宗，禪宗法脈廣佈天下，度眾無數。

雖然祖師衣缽在六祖之後即未再傳，但是最關鍵的佛心印傳承並未終止。

中國禪宗十一代，臨濟義玄祖師

中國禪宗第十一代宗師臨濟義玄祖師，唐代曹州（今河南省）南華人，俗姓邢。幼時出家便一心仰慕禪宗，初到江西參拜黃蘗希運禪師，亦曾禮謁高安大愚禪師、溈山靈祐禪師等，最後於黃蘗希運禪師處受印可得其傳承。

唐宣宗大中八年（西元八五四年），至河北鎮州住於臨濟院，設四喝、四賓主、三玄三要、四料簡等機法接引徒眾，更以機鋒陡徹峻烈著名於世，自古有「臨濟將軍」之稱，故獨出一家成為臨濟宗祖師。

祖師接化學人，每以叱喝顯大機大用，世有「德山棒、臨濟喝」之稱，所謂不喝不開悟，不打不成才。其宗風剛烈，對參禪行者極嚴，但門風興隆學人眾多，為中國禪宗五家中最發達盛行、流傳最久遠之宗派，法脈至今不絕，嗣法者有興化存獎、三聖慧然、灌谿志閑等二十二人。

中國禪宗十八代，楊歧方會禪師

中國禪宗第十八代、臨濟宗第八代祖師楊歧方會禪師，在袁州楊歧山（今河北省萍鄉縣北）舉揚一家宗風，後世稱為楊歧派。

《續傳燈錄》稱其兼具臨濟及雲門兩家風格，當時禪林亦讚其兼百丈懷海禪師、黃蘗希運禪師之長，又得馬祖道一禪師之大機大用，喻其宗風如龍，後世臨濟弟子基本上都出於楊歧門下，故又稱其為「臨濟正宗」。

楊歧派門下第四代祖師（中國禪宗第二十二代、臨濟宗第十二代）虎丘紹隆禪師，於楊歧派下再創虎丘派，延續楊歧派宗風，歷久不衰。

中國禪宗三十六代，北京西山鳳頭禪師

中國禪宗第三十六代、臨濟宗第二十六代北京西山鳳頭禪師，俗姓劉，生於明建文三年（西元一四〇一年），世為江浦望族，七歲出家，拜靈谷慶叟和尚為師，後來又到天童寺拜在天童觀翁禪師門下。

宣德元年，宣宗皇帝命觀公長老為慶壽寺欽命住持，禪師也跟隨來到北京，此後便出入宮禁之中，為皇室講經，宣德皇帝賜其穿西服茜衣。

明英宗正統元年，皇帝召見禪師，授他以「僧錄司左講經」之職。英宗見其「儀表雄特，頂邁隆起」，稱他為「鳳頭和尚」，禪師則謙稱自己是「鵝頭」，故史稱「鳳頭禪師」，亦稱「鵝頭禪師」。禪師晚年住於中原四大古寺之一的豫南靈山寺，終日靜坐修行，頭髮長久不剃，故其後世弟子代代相傳都不剃頭，成為靈山寺蓄髮修行一大傳奇。

鳳頭禪師留有傳法偈傳世：

清淨道德文成　佛法能仁智慧

本來自性圓明　行理大通悟覺

所謂演派二十四字代代相傳，續佛心燈，傳佛心印。

中國禪宗五十八代，悟覺妙天禪師

悟覺妙天禪師得中國禪宗第五十七代、臨濟宗第四十七代通字輩宗師敬哉禪師真傳，為鳳頭禪師以下第二十三代之悟字輩傳人，自禪宗第一代祖師摩訶迦葉尊者起算為第八十五代、中國禪宗第五十八代、臨濟宗第四十八代宗師。

悟覺妙天禪師有三闕傳法偈併演派三十二字代代相傳傳世：

傳法偈（一）

菩提自光明　內照眾心性
印心現真如　無印亦無真

傳法偈（二）

大千原同體　同體本圓空
圓空空寂寂　寂寂空空空

傳法偈（三）

禪宗佛心印　明心見自性
清淨融智慧　圓滿又圓覺

演派三十二字代代相傳

悟覺宗師　真傳心印

清淨智慧　圓滿光明

無上正法　禪密證道

妙喜佛國　萬德莊嚴

第二講

禪師的修行歷程和歷史典範

人類自從發明文字記事以來，古今中外出版的書籍非常的多，其中能千古傳頌流傳最廣的不朽之作，首推佛經和聖經，聖經思想主宰西方社會，佛經思想則融入東方社會而盛行於中國，這兩部經典深深的影響人類思想和意識形態。

二位聖人釋迦牟尼佛和耶穌的話語，都是詞簡義深。祂們的弟子集結成冊傳到後世，眾生的資質無法達到聖人的境界，各方解釋眾多，但卻未能切中要害，這兩位聖者皆是經過甚深禪定之修行歷程，都超越了「意識」、「潛意識」，來到智慧本體的微妙實相世界。

證道成聖者典範

師父這一生，是體悟和證道成聖者的典範，祂決定帶髮修行，而後又選擇了一條引領大眾一起走向修行的這條道路。而且即使祂遭遇到莫須有的毀謗，一個幾乎是毀師滅宗的巨大法難，師父仍然可以屹立不搖，如如不動至今，而眾多跟隨祂的弟子，仍然不退轉的護持著祂及宗門。

記得北平師範大學的校訓是「學為人師，行為示範」。師父的一生就是這句話的典範，祂不但是一位精彩的傳道者，更是一位不凡的天人佛師，不但活出自己修行的工夫，更立下歷史的典範。

師父說過：「在世界的變化中，一百年是一個大轉變，十年是一個大限，在天地造化的影響之中，我們可以體驗到無常，並從中體認到精神生活的重要。」

如果人生有了正確的信仰，不管是信佛陀還是信天主，只要尊崇聖者的教導，心靈與聖者相應，我們就可以坦然面對天地的無常。

所以與其說師父是一位偉大的宗教家，更貼切的來說，更是一位澈悟並見「苦、空、無常、無我」的宇宙生命教育家。

皈依禪門　實修實證

西元一九三四年，悟覺妙天禪師誕生於屏東縣潮州鎮一個純樸的農村——四春地方，師父俗家名字為黃明亮，出生時因室外日月並存天空，室內光亮，故取名為「明亮」。這是一位誕生在樸實務農家庭的子弟，老實的父親只是把當時感受到的情形，來為這孩子命名，也沒有想高抬聖境之意，只是沒有想到，這孩子在未來的人生中，風雲際會照亮了很多人生命的方向。

禪師所誕生的潮州四春里這個地方，從空照圖看下去，整個輪廓外型猶如一尊觀音像，聽學淨土宗的朋友說，有幾位師兄天天夢到菩薩跟他們指示，要在潮州四春里這個地方建立中華傳統文化教育中心，因為這裡誕生了一位聖人，不可思議的是，這個教育中心就在禪師四春老家的旁邊，這裡民風純樸、人心和善，淨土宗的師兄們深信這是觀世音菩薩所賜的寶地，而且早已經等在那邊，這不但是天賜的寶地，也是聖人的故鄉。

師父幼年時期適逢二次世界大戰，飽嚐戰爭之苦，而師父小時候也很苦，民國三十七年禪師的母親過世，從那時候開始，師父就像苦行僧一樣。因為那個年代普遍經濟都不好，師父的哥哥很早就要出去工作，與父親一同在農場上班，擔任台糖農場的巡邏員。

因母親早逝，乏人照料，民國三十八年台灣光復的時候，家中四個兄弟最小的弟弟才一兩歲，師父跟祂的三弟都要照顧他。師父的廚藝就是當時訓練出來的，因為師父要負責煮飯菜，那個年代沒有瓦斯，當然也沒有瓦斯爐，洗澡都要生火、燒木材。師父講這個故事給現在的年輕人知曉，許多人不知道當時生活的苦，雖是苦，但也是很有樂趣的。而且，經歷過辛苦的日子，才會知道人生的滋味。

當師父小學六年級的時候，比較懂事了，在學校的成績大概是最好的，有一位成績稍微差一點的同學，他會欺負班上的同學，師父看了很生氣，可是他又跟師父交情很好。師父苦思該如何勸他，讓他不再欺負同學。

後來有一天，師父想到一個辦法。當時市面販售小瓶裝的花露水，師父就帶到學校，下課後，學生都會跑到操場玩。師父看到他，先在左手滴上花露水。當時的小孩喜歡吃豆類，導致很會放氣，師父右手捕捉氣味，遞到他鼻子前，他聞到臭味罵師父好壞，師父又伸出左手讓他聞，他聞了後說好香。

這時師父就對他說：「在班上你都欺負人。」他否認：「我哪有欺負人？」師父回答：「有啊，人家都說你欺負人，我也看過。」接著說，「你欺負同學就等於是惡人，就像聞到臭屁一樣；你當好人，大家都喜歡你，像聞到香味一樣。」

後來，這位同學慢慢也學好了，他們同時考上了中學。開學第一次點名時，老師點到師父的名字「黃明亮」，老師說：「這個名字很好，又光明又亮。」點到另外一位「陳漏盡」，全班同學聽到都笑了，老師說：「你爸爸怎麼給你取這個名字，『漏盡』都漏掉了，你怎麼進步？」

後來師父修行了才曉得，原來這個「明亮」的意思，就是要「像太陽一樣普照眾生」。而「漏盡」就是神通之一的「漏盡通」，意思是把三毒、二邪、五惡都漏盡、漏掉，剩下來的都是清淨。

有時候，師父會回想到自己過去的修行路程，知道自己怎麼過來的，一切都與修行有關，皆有其因緣，慢慢自己就知道了。

師父後來投身軍旅，畢業於國防管理大學，其後在國防部任職，直至四十歲退役。也曾在文化大學政治研究所研究，一九九三年獲得日本東洋醫學哲學研究院哲學博士學位，並於一九九九年榮獲日本文化振興會頒發世界文化獎章，美國紐約國際教育學院授予榮譽哲學博士榮銜，學養成就備受國內外肯定。

因師父幼小時心靈即體會出人世間的空苦無常，因而開啟了退休後追求靈性解脫的悟性。在不斷尋訪各種宗教派別之後，因內心發大願誓證無上菩提而蒙觀世音菩薩法身指引，得遇禪宗第八十四代宗師敬哉禪師，並拜在其門下，實修實證禪宗

「正法眼藏，涅槃妙心，實相無相，微妙法門，不立文字，教外別傳」之佛心印心定慧微妙心法。

經八年潛心苦修，終得八十四代宗師之付囑密傳佛心印，並蒙世尊及諸佛之佛力加被造化，得以證入無上佛道，同時承接禪宗臨濟宗法脈傳承。

禪師在追尋完美生命的過程中發現，若要提升人心，唯有追求「禪的精神」，只有「禪」能改造人類的無明心性，因為「禪」具有不可思議的真善美力量。

禪師證道後也曾考量以何身份弘揚佛陀正法。參訪了許多教派後，發現在台灣及華人世界，大多數的修行人都落入了「迷信、迷惑」的泥淖，都執著與出家相的環境下，令禪師感慨萬千。如要以在家居士的身份來弘揚心靈無相實相的微妙法門，困難度極高，但以在家相傳法，是更能接觸眾生，直接幫助到眾生。

事實上，佛與這些「相」毫無關聯，世尊在《金剛經》中也說：「離一切諸相，即名諸佛」。因此幾番思惟考量，禪師毅然以在家居士身分入世弘法，禪師認為，修行應該回歸「正法的智慧修行」，指引眾生進入離相修佛的正確道路，徹底打破時下傳統宗教一切流於「表相」的活動及修持方式，才能直接清淨本心，變化氣質，而明心見性，成就無上菩提，師父總是用心良苦，一切以為眾生。

曾經在求道的過程中，有位啟蒙老師給了師父一個正確的修行觀念，對祂在日後修行的菩提道上，影響深遠。他說：「禪坐不一定是在那裡打坐，若按照現在一般人的觀念和修行方法，是不可能見到佛陀或是上帝的，因為都是『人』在修行，『人』在唸佛，『人』在持咒，『人』在打坐。以『人』的意識在修行，不能見如來，因為不論如何精進，還是停留在『人』的層次裡。」禪師經過這位大師開示後，當下頓悟。

師父說：「修行就是要讓靈性成就，而不是色身的感官成就，所以我們要得到永恆的光明生命，就要讓靈性能夠成就佛陀，這就是自性修行。唯有自性修行才能見證本來真面目，才是真修行，才是正道。」

這位令師父當下開悟的大師，就是禪宗第八十四代宗師——敬哉禪師，而師父便皈依在其座下，實修實證「禪宗印心佛法」。

禪修八年後，敬哉宗師令師父入深山修定慧，直接印證禪宗「以心傳心」的證量。這期間，師父有一次進入一個山洞裡禪定，於深定中感到盤坐的地面上有濕溽的感覺，睜眼一看，原來地裂開了，裂縫中竟冒出汩汩清泉。師父當下體悟到，當一個人什麼都放下，身心無罣礙，與大自然合而為一的時候，這力量是非常強大的，連大地都感應到宇宙生命的能量。此時，師父已經覓得禪的智慧，證得三身無上佛道。

開堂弘法　接引眾生

證道後，悟覺妙天禪師知道自己是傳承世尊法脈的禪宗一代宗師，這一世來到人間，負肩荷擔如來家業的神聖使命，因為二十一世紀是「正法重啟」的關鍵世紀，現今正值末法，人們執相修行，混淆正法，是非不分，天災人禍，混亂異常。

因此，師父為要救度眾生，脫離五濁苦海，決定於西元一九八三年正式開堂弘法，到了西元一九八八年，因機緣成熟，正式成立「財團法人中國禪學印心法發展基金會」（後於西元一九九四年更名為「財團法人中華民國印心禪學文教基金會」），期以禪學教育淨化人心，先後在全台各大專院校、中小學以及政府機關、社團、監獄、看守所等地設立禪學社，從基礎教育著手，教化人心，啟迪智慧。

時至西元一九九九年，師父不忍見世尊正法已然淪落至偏執的相法修行，自覺應該毅然負起正法修行之弘化責任，乃正式成立「社團法人台灣禪宗佛教會」，並提出「打破傳統相法修行，回歸正統正法修行」的真修實證修行要旨，此時弘法方向已從文教性質的印心禪法，正式進入正宗正統之禪宗佛心印心佛法，直接導入「明心見性，見佛成佛，清淨智慧，圓滿圓覺，當下開悟，「一世成佛」的禪宗正法修行，以期能轉末法為正法，將佛陀正法弘傳至全世界，化地球為人間淨土。從修行證道、開堂弘法，到成立基金會將禪學教育深入全國教育機構，師父心裡所念的、傾力所做的，都是救度眾生的悲願。

親赴災區　加持祈福

西元一九九九年九月二十一日，台灣發生了百年來的世紀浩劫「九二一大地震」，無情的災難帶走了台灣兩千餘人的寶貴生命，師父立刻指示台中禪修會成立救難小組，並捐助災情最嚴重的埔里及東勢各一百萬元，提供當地災民災難救助基金，同時親赴災區為災民加持祈福，撫慰民心。

三年後的二〇〇二年九月二十一日，師父在當時的災難中心地區埔里鎮，設立一座「大梵寺」，希望大梵天王（即玉皇大帝，地球眾生的主宰）從此庇佑這裡的民眾。師父認為，每個人都是為了修行的目的而來到人間，唯有修行可以讓身心解脫，斷除輪迴，回歸佛國。如果每個人都懂得修行，佛菩薩一定會保佑大家，並給予很多福報。

禪宗法脈　薪火相傳

一九九九年十月，代表禪宗祖庭的河南嵩山少林寺住持釋永信方丈，函請敦聘師父榮任嵩山少林寺副住持。

西元二〇〇四年二月，釋永信方丈率領少林武僧團，以少林武禪表演的名義，來台進行宗教文化交流，他們此行除了積極弘揚少林傳統武禪文化外，更重要的是，完成了中國禪宗祖庭代代相傳的禪宗正統法脈接軌上。

此項劃時代的法脈接軌、追本溯源世紀工程，就在禪宗第八十五代宗師悟覺妙天禪師與釋永信方丈雙方致贈「金剛經了義集註」及「少林鎮山寶劍」的儀式下完成，也讓海峽兩岸之間佛教的脈動發展，有了明確的銜接。

二〇〇七年十月，師父親自率領一千多位精英弟子前往河南嵩山少林寺，進行殊勝的歸宗拜祖大典。中國禪宗正統法脈從台灣回溯中土的傳承，也在這場歷史性盛會中重新開啟，在佛教兩千五百年的發展史上，為重要的里程碑。

接著，在西元二〇〇五年元月，期待已久的「金剛經真修實證」電視弘法，在東森綜合台 32 頻道及東森廣播網（台北 FM89.3、台中 FM89.5、嘉義 FM92.3、高雄 FM97.5、花蓮 FM98.3、澎湖風聲台 FM91.3、澎湖事業台 FM96.7）正式開播，這是師父首次向全台灣全體人民弘揚正法，也是印心佛法在世間弘傳的一個重要里程碑。

師父指出，禪宗印心佛法是目前世上唯一世尊真傳的正法眼藏，若能將台灣樹立成全民修行究竟正法的佛教王國，並普傳禪宗印心佛法到世界各地，才能有機會轉娑婆為淨土。

第三講

得聞正法
禪宗第八十四代宗師敬哉禪師接引

每代的禪宗大師都有祂們求道的傳奇故事，最為耳熟能詳的就是達摩祖師，還有六祖慧能宗師的故事，身為禪宗八十六代宗師的入室弟子，我跟很多人一樣對師父求道的過程充滿了好奇，後學雖然進來本門不到兩年，但在自己及母親的身上，發生太多不可思議的事情。這是我學佛十六年來從來沒有遇過的，更讓我對我的師父充滿了高度的好奇心及尊敬，在此分享我的恩師的求道過程。

師父在想走修行這條路之時，雖然心中有佛，但是對於修行的概念，還是很模糊。所以一開始，師父想：「我是不是要請一尊佛來膜拜呢？」正好有一位朋友去了某個神壇，他來邀師父，說那是某老祖，有神通，很靈。

神堂佛堂　訪師求道

由於師父從小只在家中或到廟裡拜拜，神壇的儀式與規矩一概不懂，所以師父先在一旁觀察。看到十幾個人去到那裡，都會跪在拜墊上拜三拜，然後再起身，師父朋友也拜了。輪到師父時，祂也依樣畫葫蘆。

當師父跪下來，將頭低下來剛要拜的時候，隨即感覺好像坐船一樣的搖晃，師父問周遭的人剛剛發生地震嗎？每個人都說沒有，師父又跪，還沒開始拜，又晃，晃得非常厲害，屢試不爽。即使是如此，師父最後還是拜了三拜。

當時師父不解，難道每個人在拜的時候，都會這樣像坐船一樣的晃嗎？師父問那位朋友，他說他們都不會發生這種情形。此刻師父瞭解到這其中必定有原因。

師父當時還在上班，因為這位朋友的因緣，所以每周末跟他們跑神壇、廟，他們全臺維繫的神壇很多，包括東部也有。

早在師父還沒有修行以前，認識一位朋友，他的佛堂叫做五佛堂。他告訴師父一個故事，說他曾經跟人比賽，指到哪一顆星星，一定要讓它掉下來，另一個不讓，比到最後吵起架來。另外他還告訴師父，「你啊，小時候曾經被一隻牛的牛角，給你撞了一下。」師父想了一下，那是有的。當時因為空襲，師父舉家搬到鄉下，師父因著好玩幫叔叔放牛，牛突然用角戳了祂一下。

這位朋友雖然開佛堂，但他所講的話，比較屬於神教方面。後來他又告訴師父，將來要有得掌龍鳳旗的人，才能讓這個世界得到太平。師父開始訪道後，某一個周末到了新營的龍鳳廟，發生了一件事，讓師父想起那位五佛堂的朋友跟祂說的這番話。

師父一行四人到達之後，介紹祂去神壇的那位朋友，突然在佛堂前面半蹲著走路，走了好幾圈，他一邊走一邊說，他不是自願這樣做，他大概是做了什麼錯事被處罰了。師父才了解這個道理，以前都不知道。後來師父說，「應該慈悲啊，走得那麼辛苦。」話還沒說完他就起來了。

然後，每個人都寫了「天文字」，但師父完全看不懂。那裡的人要師父也寫，師父回說沒學過不會寫，他告訴師父這個不用學，「你來的時候就會了，因為你從很高的地方來的。」於是師父用祂的心靈去畫，也就寫了天文字，對方說：「對啊，你會寫啊。你看，很高的地方來的。」當時師父也搞不清楚他說的是真還是假。

後來，突然有一個人來告訴師父，這裡的主人要送龍鳳旗給我。當時距離師父那位五佛堂的朋友告訴祂龍鳳旗之事，已經幾十年了。師父問龍鳳旗在哪裡？對方說，那是無相的，「他說給你，你就得到了。」因為師父不懂這些，於是回答：「好啊，感恩。」一行人就準備離開。

走出來以後，師父看到一扇緊閉的門，裡面也是一座佛堂。他們說主人出去了，不過師父想應該是在裡面閉關。為什麼呢？當師父看到門的時候，就像打開老式電視機一樣，電波啪啪響，門好似要打開。師父想看那門打開，但因為快要趕不及車班，於是被催著離開了。

離開之前，那裡的人又說，剛才說有個八卦要給祂，師父問什麼八卦？對方回答：「你就得就好了。」因為都不懂，師父一樣回答：「好哇，感恩。」就這樣一路懵懵懂懂的修行。

後來慢慢懂了，師父心裡開始有一股動力，促使祂去讀佛經、讀經典。師父也會比較其他的宗教，像是基督教的書籍，師父求學時期讀過《聖經》，其中記載以故事居多。

得遇明師　授記證道

佛教是講現在和未來的事情，講靈性的事情；基督教是講人間的事，以及信仰——只要信仰上帝，就可以往生天堂。佛教則要修行——信仰還不夠，堅定的信心還不夠，還要戒、定、慧、解脫。於是，師父當時對修行就有了一個確切的印象：要修「戒、定、慧、解脫」。

「那麼，我要修行，這個法哪裡來的？就是從釋迦牟尼佛處來。我要追根究柢，就要從佛開示的佛經開始著手。」師父修行就是這樣一路走過來的。

剛開始看佛經，師父也是似懂非懂，讀了一遍又一遍，才慢慢讀懂。等到師父修行過後，讀佛經更能心領神會，甚至現出境界給祂看，那時候師父已經有眼睛放光的能力了，看到經文會跳出金字來。

到最後，師父才走到禪宗八十四代宗師敬哉禪師的門下，這也是很奇特的修行，先在外面磨了一年才入門，進來再修八年，後來師父懂得很多了，也知道了授記是怎麼一回事，以前在讀經讀到燃燈古佛授記，同時開示，多少年後祂會來到娑婆世界成佛，佛號釋迦牟尼——這個師父也了解了。等到祂自己證道的時候，也確切了解授記是麼一回事。

所以師父今天才真的看得清楚，所有的修行法門，是多麼地脫離實相界。

師父真的為他們感到可惜。真正可惜。

居士弘法　備極艱辛

證道之後，師父思考著：要現在家相還是出家相弘法？後來想，著白衣來弘法比較方便，得度的人也會比較多，最後師父才以在家居士之身來弘法。

當然，在家居士弘法一開始就碰到很多的困難，廣受質問。甚至還有修神通的人來質問師父：「你奉誰的意旨來這裡講法？」師父反問他：「你呢？你今天是領了什麼旨意來這裡問我呢？」他說：「我很神通，我一打坐，我可以到整個虛空界，我當然知道來你這裡，我問你，你奉什麼旨意來的？」於是師父想，如果不稍微顯一顯神通，還會被看不起。因為他說他有神通，有天眼通，所以師父化現一尊他認識的關聖帝君。

其實這不是師父化的，是師父請祂下來的。那個人一看到祂，馬上跪下來。口中立即說：「對不起呀！對不起呀！我不知道。因為我在定中，老是在虛空界飛飛飛，不曉得做什麼，我很害怕，我到處找，那我的師父在哪裡呀？」

他的態度那麼傲慢，師父心想要磨一磨他，「應該在外面，你再找一找吧！應該可以找到的！」然後那個人與隨他來的朋友一起騎著摩托車離開了。師父沒有說出來，大家不了解，修行人百百種，這類莫名其妙的人，師父碰到很多。

另外，還有一位美國太空總署學天文的教授帶學生來，一來就說：「今天我要請問你，你應該知道我的來意。」師父回答：「對不起，我不知道。」

於是他挑明了講：「我今天來這裡，是有人告訴我的。如果你是真的，那今天跟我講的那個是佛；如果今天不是你，跟我講的那個就是魔。」又說，「這個世間會救活人也會救死人的，不到三個人，你是其中一個。」

師父回答他：「對不起，我什麼都不懂，該怎麼救？」其實教授講這句話的時候，師父就聽懂了。一般人聽不懂「救死人」，人都死了還可以怎麼救呢？可以救，超度他就是救他。

於是師父一推、再推、三推，把他指到另外一處同修的地方去。那個教授第二天就去了同修那裡，也一樣得不到答案，連原本要送的水果也一併帶走。同修告訴了師父情況，師父也笑一笑。本來說要送什麼東西給師父，後來也沒有送。所以說，師父弘法也會遇到許多奇怪的人與事。

佛法難聞　明師難遇

所以，眾多修行人之中，師父覺得同修們最幸福、最幸運。師父敢說，無論修過其他法門，或初入門既一門深入，能夠踏進我們這個門，跟隨師父修行，真的是過去世修來的福報。這不是老王賣瓜自賣自誇，因為師父不打妄語，要講實在的話、真實的話，身口意清淨。

師父知道實相是什麼、有相是什麼。有相離實相幾億萬八千里，那就是幾億萬年，如果沒有修行正法，就要一直輪迴。

所以既然人身難得，佛法難聞，明師難遇，明師不是很有名的師父，而是已經修行到正果的師父，本門這三樣都齊備了，禪行菩薩們要成佛應該沒有問題了。

可是還有很多的人，雖有了難得的人身，但尚未聞到正法，也沒有辦法遇到明師，所以師父希望將來把我們的正法傳播出去。

出家眾如果不想跟我們在家居士一起修，那麼，可以來跟師父修至少半年，自己就會發現不一樣，再回去教眾，這一生已經教不完。

因為出家眾認為於在家居士的道場修行不方便，關乎面子的問題，其實倒不必這樣想，如果有哪一位出家眾能夠打破這個相，師父認為他就很有智慧，是大根器者，應該能成佛。最起碼能夠來，肯不恥下問，或是我們一起來討論。如果認為我們所討論的是真的，可以接受的，那麼我們再來進一步；如若不然，認為自己更高明，那麼我們就僅止於切磋。可以不要失掉更進一步的機會。

或者，若是實在不方便，來讓師父教三個月或六個月也可以，即已足夠這一生弘揚正法之用。為什麼呢？因為出家眾已修行多年了，只要觀念一改變，加上師父給予力量，給予方法，教予禪法，一定會不一樣，整個修行人都會改變。

等到這些修行人都得度了以後，又有很多動物界、畜生界的，甚至餓鬼界的、不知道已受苦多少年的眾生，我們再來度那一批，都一起超度。

修行人一方面要了解整個佛法的智慧，同時也要讓自己的修行層次跟著提升，師父傳「印心佛法」修行成就菩薩，成就佛是有一定的程序；還要修菩薩的六度波羅蜜，以及修十地菩薩，要同時修，而非僅停留於唸經、持咒、誦經，或者僅止於跪拜。

如果不想放棄自己原來的修行方式，不妨增加修禪定、修智慧、修解脫，求自己自度，而非只是求菩薩來度。

欲將佛經的知識轉變成自己的般若智慧，必須經過禪定的階段。禪定是這麼的重要，我們的印心禪法，就是讓大家在知道佛的智慧以後，能夠同步到達佛的智慧境界。

師父講過，所有十個法界都在我們的身心，好比我們的十個指頭就是十個法界，當我們禪定的時候，我們會感覺到脈輪的震動和清涼，不要以此為滿足，一定要進入脈輪禪定；首先讓它清淨，然後進入到裡面入定，那裡面會現出一個法界來。

師父告訴一位美國核能工程師的弟子覺妙妙明禪定的訣竅，他依照師父所教的方法入定，他一禪定就有光顯現了。他定進去以後，發現對面有一個很光亮的世界，可惜他不敢過去。為什麼不敢過去？他告訴師父，因為他小孩還小，才剛出生，他擔心自己過去那邊之後回不來。

師父告訴他，應該要勇敢地過去，不會回不來的；過去以後，說不定一個爆炸——跟宇宙爆炸一樣的景象過後，看到一尊佛，又不一樣了，會有很多的現象，進入實相世界。

當你禪定的時候，進入到某一個法界，看到一些影像，要不取不捨。所謂不取，就是不要巴著它不放，或者是希望看到它還是有什麼變化；不捨就是不排除它，也不須做到「佛來佛斬，魔來魔斬」，持續入定；一直清淨定下去，當你證到實相的時候，那就是智慧。

修行人一方面要了解整個佛法的智慧，同時也要讓自己的修行層次跟著提升。所以，師父所傳的十脈輪、十個法界的清淨，是非常重要不可輕忽的。如果能夠真的清淨，解脫了，比什麼都有用處，同樣可以到達最高的境界。

修行的方法、步驟與你的智慧同步，這樣才是真正的真修實證，真正的修，真正的見證，這才是修行。無論你的入門時間長短，當師父在教的時候，講到某個境界，該境界就同時現前。

如果，大家都能夠同步見證，你的心同步相應，同步印心，師父講到某個境界，你就跟著到那個境界，這個法才是正法；要真正跟師父修行，要同步證道，師父會引導你們一步一步提昇上來。

如果一位傳法的法師、上師，或稱之為師父的傳法者，他在傳法時，話裡沒有力量，那就是還在有相界。

師父傳法則不一樣。許多人都見證到，師父傳法的時候，講話時都在放光，因為師父的心在放光，師父的眼睛在發光。雖然大部分人看不見，但是很多人還是會看得見，並寫信告訴了師父自己的所見。

尤其為大家開佛門的時候，整個大禪堂通室光亮；師父走到哪裡，我的心裡一接你們的心，還沒有開佛門時，他們看到很多人都發出光亮。

清淨七識　圓滿功德

師父為大家開佛門的同時，把你們的業力也接過來，這比受洗還有用；同時清淨你們的第六意識、清淨第七意識的一部份；其它的七意識要留在以後，自己要做功德去清淨它。

因為第七意識（末那識）就是你們的過去式；很難講清楚共有多少世，也許千百萬年，又或者千百年；末那識記憶著從無始劫以前到現在，你自己所造惡業，當然要自己用功德去彌補。

因為你有愧疚，就會去行布施，或者去接引有緣人，來跟我們一起共修，讓他能夠走上成佛之路，讓他有成就的機會，也幫助他們超度靈性。

這些都做了以後，與修行的清淨功德、智慧連結在一起，你的第七意識自然就空掉了，進到光明藏。

「般若船就在光明藏那裡等著大家。而有形有相、看得到的法船，就是各地禪修會館，這是人間的法船，希望把你們安全送到第八識，也就是把你們載到另一艘神聖的、進入聖位的法船。當你們上了這艘法船，就上聖位了，成就了，到達佛境。這是很重要的。」

出家在家　互相尊重

既然修行要破一切相，為什麼很多出家的比丘、比丘尼，甚至於法師們，還不能看破這一點？

以前，世尊住世弘法的時候，跟隨祂修行的一千二百二十五人中，有比丘、比丘尼，還有在家居士的女眾、男眾。世尊講過，修行人都是一樣的，雖然有的出家，有的是在家，出家人對於在家居士要尊重，反之亦然。出家、在家應相互尊重。

世尊說出這番話，大概在弘法三十或三十一年之時。因為那時候在舍衛國，世尊第一次有了固定說法的場所，那也是第一次有一位在家女眾來歸依世尊，跟隨世尊修行。所以，修行人都是一樣的。

本門所說的佛法也是佛陀所傳下來的佛法，因為佛陀只有一個尊貴的身體，祂沒有分在家或者出家。所以應該要打破一切出家、在家的外相，一切都隨緣，一切方便善巧修行。

師父成立財團法人釋迦牟尼佛救世基金會的原因，就是希望讓現在停留在修行有相法的人，能夠跟上來，持戒同時也修定、慧、解脫。

至於定，雖然許多人也禪定，但是禪定並非光坐在那裡練呼吸，一切空相，從呼吸開始然後就空相，這不是禪定的方法。禪定的目的是為著要見性，要成佛。

師父講過，打坐就要打七，無論打禪七、打佛七，目的就是要將負面的末那識等全部打掉，剩下清淨無染，才能進入到第八識的光明藏，這才應該是進入智慧的法門。

六度萬行　三身成就

師父傳智慧法門，師父希望同修們都要跟得上，都能夠進入到光明藏才是。若覺得自己還是有段距離，就要趕緊持續精進。持戒當下不再犯三毒、二邪、五惡，不去造惡業，身口意完全清淨，並修六度波羅蜜，也就是行菩薩道。

從布施開始去做功德，然後修清淨戒，再修忍辱，有些人一遇事就容易情緒化，這樣就不對了，這就是持戒這方面尚不清淨。

許多人都懂得忍辱，不過遇到不順心，又發了脾氣，這表示忍辱沒有修好，十大法印第五項「不被惡勢所嗔」，不要被惡勢力欺負了就起了瞋心、生氣，自己的修行功夫一下子就破功了。要不斷地精進，一定要不斷地精進。精進什麼？精進禪定，精進般若智慧，然後才能夠圓滿解脫。

所以，在聽聞佛法回家之後，就應該去反省、反思，或者在各地禪修會館共修時，同修們可以相互討論師父所講的重點，討論出來的結果，就是你們的修行的智慧，如此也可以進步。

般若智慧，就是成佛的智慧，這種修行的智慧，就是修行成佛之前的智慧，等於加行一樣，增加的修行。修行不是光聽法師講佛法，一般習慣講聞法，或者看看佛經，懂了就好；修行不是懂就好，懂還要精進。

了解佛經，法師所講佛法精義，參悟如何可以幫助自己來解脫，同時還要去行，一修一行並進，而非僅只有修，只有聽聞而已。

當接受師父所傳的實相佛法以候，慢慢就會清楚知道，自己的朋友們所修的是什麼樣的一個法門了。

現在是末法時期，連相法都及不上。師父可以肯定地說，在末法時期，末法不是佛法，只是修身養性。

真正的佛法就是智慧法門，這種智慧可以改變一個人的人生價值觀，可以讓一個人三身成就。

第四講

禪師大願　地球佛國

國會黨主席悟覺妙天禪師，是在家居士，乘大願入世，自佛心出發，關懷弱勢苦難，尊敬各宗信仰，傳法三十六年來，為了台灣的穩定和平發展，經常與國內外政壇領導人密集交流並提出建言。師父曾在一九八九年，向時任經濟部長江丙坤建議，為推動六年國建引進外勞，因國人當時不願從事辛勞工作（股市正熱，無人願意賺辛苦錢），導致國內建設因缺乏勞工而停滯不前。師父的建言通過了，不但解決台灣勞工問題，正向有效地促進了台灣經濟的發展。

此外，為了提升我國空軍戰力，師父於一九九五年三月率團前往馬尼拉，會晤菲律賓總統羅慕斯，並在馬尼拉自費舉辦蘇愷機航空展，同年促成俄羅斯國會議員訪華團訪台。並成立中俄經貿交流協會，促進台俄之間各項交流。二〇〇五年率團前往多明尼加共和國訪問，二〇〇六年會晤費南德茲雷納總統伉儷，並協辦多明尼

主席在菲律賓辦航空展

主席與前總統李登輝

加商展。二〇〇六至二〇〇八年間也多次應邀前往帛琉訪問，前後任帛琉總統雷蒙傑索與陶瑞賓，皆力邀加強雙方合作關係。

妙天主席積極與台灣邦交國多方面交流，力拚拓展台灣的外交空間。同時主席長期致力於人道關懷工作，幫助受刑人解癮戒毒，捐贈海內外急難救助、善款及物資，SARS期間捐贈N95口罩。如台灣賀伯颱風、南亞大海嘯、莫拉克颱風、大陸汶川大地震等，近年的高雄氣爆、台南大地震、花蓮大地震等，捐贈總金額超過新台幣數千萬元。近年來憂心兩岸僵局與國政混亂，造成人民生活困苦，立志推動政治改革。

為了達到人間淨土的目標，必須要「攝取眾生，莊嚴眾生」，即接引有緣人前來修行印心佛法，讓大家得到清淨、智慧、圓滿、圓覺，同時也要「攝取佛國，莊嚴佛國」，讓地球早日成為天國佛國，讓其他星球的眾生以能降生地球

主席與前總統府秘書長吳伯雄

主席與台北市市長柯文哲

天國佛國為榮。二〇一八年十月十八日悟覺妙天禪師與一百多位有志之士，於台北市張榮發基金會，正式成立「國會政黨聯盟」，經第一屆全國黨員代表大會選任為首任黨主席。

國會政黨聯盟以人道主義為核心價值，廣納天下英才，不分黨派族群共商國是，秉持人道主義平民政黨的立場，捍衛人民有權過好日子的政治理念，倡議一切解除民眾苦難的政綱，師父傳揚佛法三十六年來，一直覺得光靠宗教要改變人的生活是不可能的，一定要加強我們的政治。禪師更表示：「我們是人道主義的平民政黨，我們知道我們不是貴族，我們都知道，我們平民的生活有多麼辛苦，因他們某一個人、某一個黨，都是為了自己、為了黨，都沒有為了人民老百姓的生活，所以我們這個黨，都是為人民解決事情、解決痛苦的黨，救我們台灣人民的生活。」至於政治是「管理眾人之事」，禪師說：「應該把它改成『服務眾人之事』，政府要為人民服務，要創造人民的幸福福利才對，我們要廣結善緣，我們要歡迎很多有能力的、有同理念的人都跟我們一起參與，改變台灣的命運，讓台灣人民有好的生活，服務人民全民富裕。人與人之間只有心交心，這才是真正的朋友，我們每位黨員同志要互相交心，不管別的黨怎麼樣，我們自己的黨要照顧自己的黨員。」禪師誠摯一心要改變現況，讓台灣更進步更富裕，人民生活更幸福美好。

妙天禪師這一生行誼就如同一位憂國憂民的人天國師，一如帝師，為古代天子帝王封賜德學兼備僧人或宗教人士（居士）的尊號，國師的「國」，當然不是指全國，而是有更超然的境界；「師」則有指導、教育之意。「國師」暗示掌握國家最高權力的領袖，需要聽取另一位更有智慧之賢者的點化。既然有人比總統更具智慧、通曉治國之道，那麼這些國師豈不更適合擔任總統？或許有些國師的人格智慧確實比某些人更適任總統，但每個人來世界所擔任的角色及使命不同，所要教化及給予的智慧不僅是帶來世上一切幸福的價值，更多是超越人世間的價值，而且是永恆的幸福的價值。

其實，任何公私單位機構的首長，因有需要而向經驗豐富、見識獨到的資深人士請益，或英雄所見略同於是共商大計，這樣的討論、諮詢是對人民有利的，幸福富裕生活的確是需要更多的疏通及交流。

成立國會政黨聯盟

創黨宣言

人民過好日子是不可被剝奪的天賦人權，它不是政客的恩賜，它是政黨、政府與國家存在的唯一目的。

悟覺妙天禪師憂心台灣當前嚴峻現況，毅然創建人道主義平民政黨的「國會政黨聯盟」，號召有志人士，要給人民過好日子。

人民有權過好日子是本黨的基本主張，與此根本主張抵觸之政治經濟議題，我們將全面反對。

本黨誓言：秉持人道主義理念，堅持平民政黨路線，以維繫兩岸和平為己任，以消弭國政混亂為目標，要給人民過好日子！

經濟政策

經濟富足

薪資倍增，超韓趕星

促進投資，親美親中愛台

留人才，錢進來，薪資漲起來！

國會政黨聯盟經濟「四要」：

一、要加薪：

・擴大鼓勵企業加薪，給予合理稅負抵減。

二、要活水：

・鬆綁投資限制，穩賺國際級薪資。

・推行自由經濟實驗區，吸引外資促進創新。

三、要結盟：

・廣簽自貿協定，加入區域經貿組織。

・聯盟整合中小企業，進軍世界國家力挺。

四、要聚寶：

・建設自由智慧島，加速經濟轉型升級。

・打破酬庸寄生，國營企業重生。

兩岸政策

兩岸和平，互利雙贏

反對政治對立，發展民生經濟

一、終止政治對立，兩岸友善溝通

二、重啟兩岸貿易投資談判，一體雙贏。

三、平等、互惠、友好，兩岸和平協商，幫助中華民國重返國際。

四、加強文化互通，促進觀光交流。

五、保障台商在大陸應有之權益。

六、變異求同、良性競爭。

國會改革政策

國會 3.0

支持第「三」勢力

「二」大黨不過半

「一」票支持國會政黨聯盟

一、國會政黨聯盟三不三要三承諾

・三不：不要外務立委、不要空心立委、不要圖利立委

・三要：要專職、要專業、要清廉

・三承諾：承諾「不包工程、不炒地皮、不收紅包」、承諾「全方位熱忱服務」、承諾「立好法、修惡法」

二、推動立法委員利益關係透明化。

三、完善立法委員專職化制度。

四、強化國會專業幕僚與智庫功能。建立行政部門之主計、法規單位與立法院法制局、預算中心人員制度化輪調體制。

五、國會助理法制化。

育兒政策

友善育兒

校校有幼托，父母無負擔

獎勵生育，人口成長

一、獎勵生育，打破地方補助不均，每胎五萬起

二、擴大居家托育補助，零至兩歲幼兒，每胎每月一萬

三、擴大公私協力，達到校校有幼托

四、鼓勵企業設幼兒園，提供營所稅減稅優惠

五、推動備孕治療假

六、放寬不孕症治療補助條件

七、放寬彈性工時申請條件，幫助增加親子相處時間。

能源政策

電足心安

以核養綠，空汙退散

潔淨永續，人人健康

一、確實執行「減碳」作為能源轉型目標。

二、透過「以核養綠」策略，打造綠能環境，維持發電穩定。

三、鼓勵發展電動汽機車產業。

四、穩健發展太陽能、風力發電等再生能源。

全方位服務

全方位服務

「說到做到！服務周到！」

專業．熱忱．奉獻

一、中央（黨團）地方（服務處）連線服務一條鞭。

二、全國種善緣，服務結善果！

兩岸分治七十年之回顧與展望

二〇一九「大師對話─兩岸分治七十年之回顧與展望」活動於二〇一九年三月二十七日上午十點在台北凱達大飯店三樓宴會廳展開。本次活動由國會政黨聯盟主辦，邀請到台灣知名政情分析家賴岳謙擔任與談貴賓、中天亞洲台製作人顏冠得擔任主持人。活動中，賴岳謙與國會政黨聯盟主席悟覺妙天暢談兩岸關係、二〇二〇大選、台灣政經發展等熱門議題。

中國歷史上，「逢九」都是關鍵之年。今年是國民政府遷台七十周年、中共建政七十周年、兩岸分裂分治七十周年和大陸發表《告台灣同胞書》四十周年，同時也是美國和大陸建交四十周年、《台灣關係法》實施四十周年。

無獨有偶，兩岸關係，乃至中美關係，也在今年出現戲劇性變化，加上台灣總統及立委選舉即將開跑。可以想見，此次台灣大選的過程及結果，不但對台灣，對兩岸，乃至對亞太局勢，都將產生深遠的影響。

台灣政治近年來陷入政黨惡鬥，受制於個人及政黨之私，即使有好政策也窒礙難行；政黨惡鬥導致行政空轉，導致台灣經濟每況愈下，人民生活空前困難，而台獨路線更讓台灣瀕臨戰爭邊緣。因此，國會黨主席悟覺妙天決定從幕後（原先支持民國黨），走到台前，成立國會政黨聯盟，並親任黨主席，希望號召台灣民眾一起打拚、一起扭轉我們的命運。

悟覺妙天認為，政府的第一要務就是要讓人民過上好日子，他強調：「要給人民過好日子！」

兩岸關係好或壞，直接影響到台灣的發展

前景，這是眾所周知的事。一九七九年大陸發表《告台灣同胞書》後，一九八七年台灣又開放大陸探親，這兩項歷史性政策讓兩岸暫時脫離內戰的陰影，展開包括經濟、文化、社會在內的全方位交流；兩岸人民往來的頻繁程度和深入程度達到空前，成千上萬的兩岸人民相互通商、通婚、就學、探親、旅遊。

可惜，這種兩岸和平發展的現狀在二〇一六年政黨輪替後出現逆轉，兩岸在外交、軍事上的較量不斷激化，讓兩岸關係和平發展的前景蒙上陰影。值此歷史的關鍵時刻，台灣有識之士應該站出來，替人民大聲說出「要和平，不要戰爭」。

蔡政府兩岸政策總體檢

「促和止戰：兩岸分治七十周年」系列活動，首場「蔡政府兩岸政策總體檢」於二〇一九年五月二十一日在台北凱達大飯店三樓宴會廳展開，國會政黨聯盟主席悟覺妙天、前台北縣長周錫瑋、文化大學政治系講座教授陳一新、美麗島電子報董事長吳子嘉、兩岸政情分析家賴岳謙擔任與談貴賓，中國時報、旺報總主筆戎撫天擔任主持人，以全面檢討蔡政府三年的兩岸關係、預測未來兩岸關係、對現在兩岸當局提出建言等三點進行座談。

二〇一六年五月二十日蔡總統執政至今已滿三年，期間兩岸關係由「熱交流」轉變為「熱對抗」，蔡總統卻引以為傲。二〇一八年九合一選舉後，支持九二共識的國民黨大勝，奪回十五個縣市的執政權，而北京方面藉由紀念《告台灣同胞書》四十周年的機會，順勢推出「習五條」，重申大陸對台政策以「和平統一」為主調。可惜蔡政府基於選舉炒作的考量，刻意扭曲「九二共識」就是「一國兩制」，混淆視聽，以拉抬蔡總統的個人聲望。

隨後，蔡政府又使出「訪美」、「軍購」、「嗆聲北京」、「禁止大陸官學界訪台」、「威脅赴陸求職的台青」等一連串仇中舉措，不斷升高兩岸對抗情勢，最終導致共機再次突破海峽中線。綜觀蔡政府執政三年以來的言行，對於想要改善兩岸關係的期望，顯然已無法寄希望於台灣當局，但作為中華民國的主人，我們應該為自己和下一代的安全與幸福，在兩岸關係和平發展上，貢獻一己之力。

雄心創造天下　佛心治理天下

悟覺妙天師父領袖佛心，當年國父孫文曾說過一句話：「世上最大的權力是政治，可為『大善』，亦可為『大惡』。」相隔一個世紀，二位領袖的佛心情懷、治世太平的心是一致的。

師父說，一位大官若懷有菩薩心腸，能夠秉持慈悲心照顧老百姓、服務老百姓，也是一種功德善業，即使此生沒有修行，以後亦由菩薩接引到天界。

身為國家的總統，若能體恤老百姓的痛苦與難處，不因浪費公帑等原因造成國庫損失，甚至累積高額負債，導致政府天天要加稅，連作小生意也要開發票，好像政府窮得無

計可施，搜刮民脂民膏。

政府應該要保障人民的生命財產。政府最重要的職責就是照顧老百姓，讓人民能夠生活康樂舒服、安居樂業，這才是好政府。

師父時常思考當年達摩祖師從印度東來中國，第一個要接引、要度他修行的，應該就是梁武帝。他建造佛寺、印佛經、供養僧團與修行人，做很多佛事，自認為功德很大。但達摩祖師說他沒有功德。

梁武帝做了這麼多，為什麼祖師說他沒有功德呢？因為這是人間小福報，最多到達天界。他再問達摩祖師，什麼才是真功德？「淨智妙圓」，祖師答。淨就是清淨智就是般若智慧，妙是妙法，圓是圓滿。本門所修行的就是真功德，師父所傳的就是真功德。

最後梁武帝問祂：「那我是誰啊？」祖師說不認識，掉頭就走了。梁武帝問旁邊的人：「那位是誰啊？」那人回答：「祂就是觀世音菩薩。」梁武帝趕緊派人追祂，根本追不回來了很可惜，梁武帝失掉了修行的機會。

師父想，怎麼祖師脾氣這麼大啊，掉頭就走了。如果達摩祖師那時候委屈一點、忍耐一點，幫助梁武帝了解真功德的意義，再好好講一番道理，度他修行禪宗正法：

「你做了那麼多你認為是功德的事情，可是你自己本身不修行，修行才是真功德，皇帝修行會影響全國，也許後來當所有來自中國的華人，分散到世界各地之時，就能弘揚佛法，起碼這世界有一半是太平的。」

師父想，如果是他的話，他會忍讓，再給梁武帝機會。因為梁武帝不懂，沒有人教他怎麼修行，所以他才會認為這樣做佛事就很好了。試想，他身為皇帝，要到哪裡去修行？很困難的啊！達摩祖師應該要留在梁武帝的皇宮，傳他「印心佛法」，實在好可惜。

師父認為，很多政治領袖如果經過「印心佛法」的修行，他的心一定是很慈悲的。所以曾在世界領袖教育基金會十周年之際，提了兩句話：「雄心創造天下，佛心治理天下」。佛心就是慈悲心，一個國家擁有修行印心佛法的政治領袖，社會就能安寧祥和，老百姓的生活將會過得非常好。

所以，政治人物要能夠為老百姓著想，就像當家長的人為自己的家人著想、照顧家人的慈愛心一樣，我們修行人也要同樣有這種心。若每一位領袖人物都懷有這種心，實是國家百姓之福。

師父說，一個中國終歸統一在中華民國，而且中華民國進入聯合國，這是天意。

師父一直非常關心國家政治，因為政治就是為老百姓謀福利的大事，師父過去經常與國家政經首長交換意見，及貢獻施政理念，並且適切的建議施政方針，讓主政者的政策更見智慧，促使經濟進步，民生繁榮，減少社會紛亂。

某知名政治社團昔日擅長街頭社運，經常組織並帶頭遊行示威，師父為了社會安定，規勸他們這種政治操作宜減少，用多了會影響社會觀感，製造社會傷害甚大，對他們的形象不利，他們虛心接受後，從此不再進行激烈的遊行示威，很少人知道那是因為禪師的點化。

二〇一七年十月於台中中興大學聆聽師父傳講「佛陀成佛正法與超生命禪」，使學佛十六年處處求道的我驚為天人，不可思議的「道」讓我與師父結下禪宗師徒慧命永生之緣，一切都要感恩我的師父的再造之恩。

我半生痴愛閱讀，獨鍾愛追尋真理，看過幾位聖人對「淑世」的想法、做法，胸襟都是很一致的，特別是儒家的至聖孔子，師父與孔子都是有教無類的仁師，胸襟廣闊及政治淑世的理想也很相似。

我在親近禪門之後，向師父學習禪宗「印心佛法」近二年，眼中及心裡所看見的都是一位平實低調有著溫暖笑容的慈愛師父，沒有所謂的佛門大師陣仗，不接受跪拜、供養，只收「金剛蓮花印和真心一顆」。

祂說傳講的每一個「道」，都帶著不可思議的力量，印在弟子的心裡，讓我們的生命醞釀出一種沉澱超越靈性的精神之美。

師父一生行道授業解惑，傳揚禪宗一世成佛大法，和努力淑世至善的願力，讓也是孔子仰慕者的我，看見祂們一致的願力，師父更把中國傳統文化「儒釋道」的精神和教養涵概在整個教義當中。師父教導弟子們不僅在出世間法得到解脫，更在世間法上處處圓融無礙，並積極造福家庭、社會和國家、全世界，祂重視人與人之間的互動關係，願能夠各安其位，祂認為「天、地、君、親、師」是天經地義之倫常，與至聖孔子都是一致的。

《論語．公冶長》中，子路問了老師孔子的志向，孔子說：「老者安之，朋友信之，少者懷之。」充分顯示出能夠各安其位的綱常。

而大家熟悉的《禮運．大同》「不獨親其親，不獨子其子，使老有所終，壯有所用，幼有所長，鰥、寡、孤、獨、廢疾者皆有所養。」所強調就是社會的結構。

所以，儒家的師道倫理特別強調孝、悌、忠、信，而其終極目標是希望能夠達到「修身、齊家、治國、平天下」、「內聖外王」、「希聖希賢」的境界。

師父也帶領我們弟子們去體察「道」，同時將之承先啟後、長遠博大的傳播下去，這是非常重要的關鍵；更從儒家的「倫理觀」去著手，中國人千百年來所重視的精髓為「綱常」，儒家向來所標舉的是社會結構與次序。

而道家強調的是自然與無為之道。老子所謂「人法地，地法天，天法道，道法自然」，標示著自然與人文是合在一起的。從道家觀點來講，師父強調道法是遵循自然的規律行事運作。

中華文化受道家思維的影響，有「天人合一」、「天人合德」的精神，也有「夫大人者，與天地合其德，與日月合其明，與四時合其序」，以及「天行健，君子以自強不息」等真知灼見，而將天、地、人三才貫通。道家的自然與無為之道，千百年來深深影響著中華兒女們的生活哲學與價值。

解脫與菩提之道是人生最後答案

佛家強調的是一切時節因緣，所謂緣起——因緣所生法。因此，佛家講的師道倫理著重於「破迷啟悟」的精神。師是機緣之一，還得要靠時節因緣。也就是說，師生的倫理是建立在破迷啟悟的「解脫道」上面。

但是儒家在這方面是不同的，儒家比較強調結構性，其倫理觀比較有形上學的色彩。佛家比較不強調形上學，而是強調「時節因緣」，其終極目標是要能夠上求佛道，下化眾生。

儒、道、佛三家各有其道，但綜而觀之，千百年流傳下來，中華文化在儒、道、佛三個不同內涵的養分支柱下，相互交融並蓄，蘊含著豐厚的思維資糧。

師父一生心心念念都在傳道、授業、解惑、淑世和建立一個地球佛國。祂用無私廣闊的胸襟，一心只掛念這個世界能夠更好，用祂能做得到最好的方式，全心全力付出自己的生命、金錢，無怨無悔全力以赴。

孔子一生的事業在教學，而他的理想卻是在政治，因為只有政治清明，人民才能安居樂業，所以要「齊家、治國、平天下」，政治清明是「大善」，而政治黑暗則是「大惡」。

孔子眼見列國紛亂，民不聊生，所以周遊天下，盼望能夠在政治上施展抱負，使天下太平，人民生活才能安康。但周遊各國下來，孔子常常事與願違，因此他想到用教育來改變社會風氣，來影響君主及世道人心的價值觀，去做到移風易俗。同時孔子也造就一批新的政治俊才，投入政治，發揮扭轉乾坤的力量，因此孔子有一套完整的政治哲學。

孔子說：「管理國家要以身作則。如同紫薇星（北極星），安然不動眾星繞之。」領導者以道德教化來治理政事，就會像北極星那樣，自己靜靜地安然不動在它的崗位，而滿天星斗就都會圍繞在他的周圍。一個有仁愛之心的領導者不也該如此嗎？

孔子這句話分兩層意思：「為政以德」、「居其所而眾星共之」，「德政」是儒家最重要的政治理想。

季康子問政於孔子，孔子對曰：「政者，正也。子帥以正，孰敢不正！」季康子向孔子問政的道理，孔子回答：「政，就是『正』，你自己先依正道行，那還有誰敢不依正道做！（孔子用政的讀音「正」來解釋「政」，這種方法叫「聲訓」。朱注引范氏曰：「未有己不正而能正人者。」）

「政者正也」這是中國最好的一句政治格言。孔子所有的政治思想，都是照著這個觀念作為基礎，自己「正」了，眾星才會拱之！以「正」為「政」，「為政以德」才有盼望。否則只有嚴刑峻法，搞恐怖政治。

季康子就曾以「殺無道以就有道」向孔子請教。孔子回答他說：「從事政治何必用殺的呢！自己本身喜歡『好事』，老百姓就會做好事了。」「在上位者就像是風，老百姓就像草。草，如果風來吹它，一定隨風而倒。」「在上位者，本身做得當，就是不下命令，老百姓也會做；本身做得不正當，就是下命令，老百姓也不會聽的。」

孔子在五十歲時說他知「天命」，因為來源是天，所以稱為「天命」，應該說也是一種「使命」，孔子「世界大同的使命」就涵括三項內容：

一、從事政教活動，使天下回歸正道；

二、真誠擇善固執，使自己走向至善；

三、瞭解命運無奈，只能盡全力而為。

有朋友問我，妳的師父是一位帶髮修行成道的禪宗佛門宗師，應以帶領人們出世間解脫大法為重，為何還參與政治，組「國會政黨聯盟」？

我就分享了孔子的世界大同使命，和達摩祖師來中國的故事。為何當年達摩祖師一來到中國後，聽聞梁朝武帝欽慕佛法，馬上興起接引一國之君學佛？如果一個國家的皇帝都能修行禪宗一世成佛正法，遠離傳統相法，不是全國百姓的天大福報嗎？

反過來說，一國之君如果沒有慈悲為懷的心，施政想的不是全國社稷的福祉，而是私人的權勢名利地位，不正是百姓的無福嗎？如果當權者能有一顆愛民的仁心和政治智慧，他就會想盡辦法得到淑世之法，知道如何去治理國家。如果政治不清明，人民何能安居樂業？

比起消極的出世修行，師父為了弘揚佛法，積極的入世普設禪修道場，卻因為政商人士的接近惹來爭議，飽受外界各種毀謗，這一切的一切，師父也只能默默的承受，因為祂知道，愛護眾生的法身慧命更重要。比起這些毀謗和委曲，師父更看重的是眾生的永恆靈性。

孔子認為治好一個國家，要有三個條件，「要有較多的勞動力，其次，發展生產，解決人民物質生活中的吃喝穿住問題，只有在先庶、先富的基礎上，才能有效地進行教化，發展教育事業。」

教育是有教無類，不管什麼人都可以受教育，不會因為貧窮、貴賤、智愚、善惡等原因，把一些人排除在教育對象之外。所以要先齊家，而後治國，才能平天下。首先重要是人民的生活，如果困苦，人心不安，何來思考「出世間解脫大法」？春秋戰國時代戰亂頻繁，民不聊生，孔子的看見也是師父的看見，孔子的「天下為公，大同之治」理想，亦是師父地球佛國的理想。

孫中山的政治清明　師父的佛國淨土

「政治清明，人能盡其才，地能盡其利，物能盡其用，貨能暢其流。」近代中國一位了不起的人物——國父孫中山先生，他因為一個關鍵想法，不但改變自己的命運，也改變了中國的命運。

國父孫文醫術精湛，名噪一時，有一年的收入竟高達萬元之多。但是，他總覺得醫術救人，所救有限，「中國一直是大國，但卻好久不是強國了」，孫文一心想要實現中國是「世界第一富強之國」的目標。他在廣州行醫時，亦注意留心政事，結合自己多年來在各國遊歷之見聞，寫出一份「治國良方」，在一八九四年通過關係呈遞給當時相當於大清宰相的直隸總督北洋大臣李鴻章，就是非常有名的《上李鴻章書》，後來我們知道李鴻章並未接見年輕的孫文。同年底，孫中山就在美國檀香山成立興中會，要「驅除韃虜」，鼓吹革命了。

孫中山為了實現他的目標，在《上李鴻章書》中提出了自己的改革綱領：「人能盡其才，地能盡其利，物能盡其用，貨能暢其流」。認為此四者，富強之大經，治國之大本也，四者既得，中國「必能駕歐洲而上之」。

孫文認為世上最大的權力是政治，政治既可以為「大善」，也可以為「大惡」，中國人的苦難均源於「不良之政治」。因此，他決心棄醫從政，改「醫人」為「醫國」，「改革中國之惡政治，鋤去此惡劣政府。」

國父孫中山先生的理念，和悟覺妙天師父的理念是一致的，因為他們知道，只有「政治清明」，才能給人民過上真正的好日子，讓老百姓離苦得樂，這就是孫中山先生和悟覺妙天師父所共同認知的「最大的善」。如果政治被少數人把持，只圖個人及政黨私利，而不把百姓利益放在第一位，讓老百姓受苦，這就不是一個「好的政治」。

悟覺妙天師父說：「我們中華民族的智慧是高過任何一個民族，我們要認清時代的變化，有了愛心才有和平，有開明的政府，大改革的政府，對每個家庭和我們的民族都是非常好的。」

達摩祖師來到中國，就在少林寺教導弟子們練身打拳，這就是禪宗為了保護國家民族所做的努力。當時時代是沒有武器的，所以就用練身來保衛國家和老百姓。

到了清朝，洪門、青幫，他們都是禪宗弟子，他們為了保護國家、民族，一起努力為反清復明做出最大的付出，而不是現在所謂的黑道。過去他們都是禪宗弟子。

以宗教家的慈悲心來治理國家

師父在一九九五年十二月十七日於桃園舉辦一場「人天大法會」，在這當中，師父也支持學佛的陳履安總統候選人，只希望佛教徒出身的陳履安先生，可以有機會參選總統，把佛菩薩的慈悲與清淨帶入台灣的選舉，改善選舉風氣與政治環境，才能轉政治黑暗為光明，轉暴戾為祥和，轉戰爭為和平，這樣的政治才能以超越的智慧，改變個人、家庭、社會、國家和整個世界成為人間淨土，實踐大同世界，為人類帶來幸福和平。

師父在面對六萬多人信眾，祂曾說到什麼是人生的轉捩點。祂說：「生命的意義是什麼呢？」「生命的目的又是什麼呢？」「未生我之前，我在哪裡？」「往生之後，我又會到哪裡去？」「今世的父母、子女、夫妻關係因何因緣在一起？」「相同父母所生的子女，為什麼有的人生來一帆風順，有的人則坎坷不堪？」諸如此類的問題，都是師父早年同樣遭遇過的重大問題。也就是從那個時候起，師父拿準了生命的方向，奠定了祂人生的轉捩點。

人生因何因緣而生？因何因緣而活？人生都因一大因緣而生、一大因緣而活。這一大因緣就是人生為繼起有限的生命，創造宇宙光明永恆的生命而生，也為幫助世界全人類與一切生靈萬物解脫痛苦，這樣的人生才有意義、有價值。

師父說，把國家政治體制革新做好，改革開放，保障人民應有之自由與社會福利，積極發展各項經濟建設，締造全民富裕生活，促進政黨合作，推動兩岸和平發展，建設台灣為宗旨，讓眾生離苦得樂，這也就是「菩薩道」。

佛心政治　改變世界

師父說，如果台灣成為佛國，整個台灣佛光普照，多麼殊勝，此時，真正是美麗之島福爾摩沙，太美了。這是空想嗎？不是。距離讓地球成為天堂，還有一段很長的路要走。祂對於台灣成為佛國有信心，上一代不能完成，讓我們這一代完成，我們這一代不能完成，一定要讓下一代就要完成。

師父說，這需要政治面跟宗教面的全面配合，政治面要有很好的制度，能夠照顧到全民的好制度，政治人物要有佛心來治理，才可以把台灣先變成天堂。胸懷佛心的政治家，加上一些宗教家的共同配合，一定可以讓台灣變成天堂，台灣就是佛國。

我常常被師父的願力和精神力感動得無地自容，不知如何是好。做任何事情一定要拿出精神力，才能超越，才會有境界出來。

蘋果電腦的創辦人賈伯斯相信人的一生就是那麼幾頁，他不會向停留腳步的人致敬，只會向「不斷向前邁進的瘋狂人士」致敬，因為只有那些瘋狂到以為自己能改變世界的人，才能真正改變世界。

賈伯斯被他一手創辦的公司開除，同時被他自己帶進來的夥伴背叛了，他不可能沒有憤怒。

當年賈伯斯曾經心痛逃到日本，以俳句向禪宗大師習道，參悟人生心靈之苦，他曾經加入心理學大師佛洛伊德原始吶喊派心理治療，喊出他的悲憤，喊出他被遺棄的痛苦，喊出他人生再度遭受背叛，也喊出他罹癌之苦。

賈伯斯雖然學禪，但他沒有認識真正的禪宗高人，他一次被原生父母遺棄，一次被自己創辦的公司開除，同時被他自己引進的夥伴背叛，最後在這樣暗黑的陰影下，罹患了癌症，越接近他人生的終曲，他越思念起他的養父賜給他的完美精神。過世前他經常受不住，莫名其妙冷得全身發抖，即使體力早已不支，他渴望來生，至少他希望人生熾熱的信念，可以綿延不絕，他不捨每個消逝的晝夜，工作直到過世前的最後一天。相信他一定有很大的遺憾，有很多事還來不及去做，但他的生命是在殘缺中「超越了」同輩的所有人，成為二十一世紀人類不會遺忘的傳奇。

二〇〇三年十月開始，賈伯斯和胰腺神經內分泌腫瘤奮戰八年，五十六歲走了。他是一位有著驚人精神力的企業家、行銷家。他超越了生命極限，創造了不同凡響的事業，超越一般世間人所難達到的境界。

他也學禪，也兩次被背叛，他的故事不禁讓我想到師父，師父習禪教禪，祂用祂的精神力，不斷超越，排除任何艱苦，終於證到三身成就佛陀。師父能夠帶領祂的眾弟子們，回到他們靈性的家鄉。

師父跟賈伯斯有很多相似點，他們擁有超凡的精神力，去超越他們所遇到的困境，所以才能成就他們非凡的境界。他們相同的是，創造一般世人所無法達成的改變世界的成就，但又承受巨大的傷害。

師父被當權者利用媒體進行莫須有的毀謗加害，讓師父整個教團瀕臨分裂，幾乎成了全民公敵，成為媒體所汙衊的宗教詐欺犯，師父一手栽培起來的弟子，竟然不遵守禪宗戒律的不可欺師滅祖、不可破壞宗譽、不可私收弟子戒律，師父一樣遭遇二次的毀謗背叛，但傷害是大大超越賈伯斯的。

但在生命力的改造方面，很可惜賈伯斯就不得其門而入，雖拜師日本禪宗大師，但大師仍無法突破自己的侷限，所以無法帶領賈伯斯走出生命中的殘缺，去超越宿命的殘缺所帶給他的身心靈的傷害，演變成性格暴躁，並在很年輕就得癌過世，非常可惜。

而師父人生中遭遇到這麼大的迫害，但祂老人家至今八十六歲，仍身體硬朗，精神奕奕組織國會政黨聯盟，為了救台灣，致力改變政治對立生態，讓人民能過好日子，努力不懈。

這就非常值得世人探究原因，師父的超凡精神力從何而來？要是一般人，肯定承受不了如此打擊。

但師父讓我們親眼看到一個人的生命力，是可以超越到如此不平凡的境界，每個人只要他願意，都可以在他們的破口中，創造不可能的事情，師父是如何做到的？這就是禪宗一脈傳承下來「印心佛法」的力量，所以才能用超越的精神力支持了師父，並影響了不計其數的弟子，做到很多別人做不到的事情。

第五講

師父的法難，也是歷代宗師洗禮過的浩劫

賈伯斯這位當代傳奇人物一生的遭遇，總是讓我想到我的師父，祂經歷過傳法的辛苦和多次的法難。當權者為了選舉的既得利益，擔心會因為師父一代禪宗宗師的仁者風範，影響選舉結果。

一九九五年的桃園縣立體育場人天大法會，超過六萬餘人參與，是台灣史上最大型的法會。可見當時的盛況空前。由於這場法會創下台灣大型法會最高人數紀錄，加上正值台灣第一次民選總統的敏感時期，也種下了師父在總統大選後被秋後算帳的種子。

因當時台灣首屆的民主總統大選，師父和許多宗教山頭分別支持不同的候選人。這個舉動會讓很多人改為選擇另一位學佛的總統候選人，提高他落選的可能性，於是就用當權者的政治權力介入，利用媒體，對師父進行莫須有的不實指控毀譽。

媒體報導長達二個月，對師父極盡人格侮辱、陷害汙衊，就是要使盡力量讓師父教團瓦解，讓社會全民唾棄祂。種種法難，一如世尊到歷代禪宗祖師所經歷過幾近奪命的法難一樣可怕。

在此針對當年社會上對師父的一些誤解來做澄清，以宗教詐欺、寶塔違建、關心政治等逐一說明：

宗教詐欺全部判決無罪

判決無罪的理由：

（一）憲法保障宗教信仰自由，應完全予以尊重；

（二）全部佛光照片經警政署刑事警察局鑑定後，全部都是真的，沒有一張合成或造假；

（三）所販售之金佛幣，經中央造幣廠及台北市金銀珠寶商業同業公會鑑定後，全部都是9999純金製造，沒有任何造假；

（四）弟子所攝錄的超度附身錄影帶，經調查影像內所有人員均證實為真，沒有任何虛偽造假。

照片是真的，有底片，通通驗過，沒有造假；金幣是真的，是純金 9999；影片是真的，影片中人事物還在。蓮座是信仰，至於納骨塔的部份，是否能超度亡靈到佛國，是信仰的範圍之中，「信者恆信，不信者恆不信」，難以用科學的角度去印證，加上憲法保障人民有其信仰的自由，不能說是詐欺。

法律最終給予師父清白，只是當時媒體大篇不實報導，已經把師父定罪了啊！

無罪判決文引用自：士林地院86年訴字131號、高院87年上訴字5019號、高院92年上更（一）字70號，高院96年上重更（二）字53號、高院97年重上更（三）字113號、高院98年上重更（四）字33號、高院100年上重更（五）字1號。

無罪判決文最下面一行：「黃明亮無罪」。

納骨塔違建是「冤案」

納骨塔違建詐欺部分是個自由心證下的冤案，檢察官翻遍案件卷宗，證據都顯示師父並不知情，介紹人褚建章也表示：「我自己都不知道是違建，我自己全家都買了那裡的納骨塔，如果真有問題，我怎麼可能自己也買，還介紹給別人。」

這件事情的真相與來龍去脈是：

只剩一片斷垣殘壁的靈性家園

象徵慈悲接引的觀世音菩薩法相也被無情推倒

投資大雄寶殿。當年業主邀師父參與合作興建大雄寶殿（但隱瞞違建事實），是要蓋在業主已經蓋成的天佛大道院上面山上的平地，師父慈悲投資一億多助緣。後來業主周轉失靈，承諾的大雄寶殿也沒蓋，於是硬塞納骨塔使用權給師父抵債，而非外界所說的「禪師購買納骨塔一樓及三樓之使用權」。業主拿走了錢，大雄寶殿沒蓋，卻換成違建的塔位給師父。信眾使用需求。師父受託管後，因應許多信眾的需要，並響應政府火葬的政策，才會同意接手明安寺納骨塔三樓使用權，然後小單位轉賣出售。政府違法拆除。在法律上，縱然是「違建」，依法仍不得強制拆除，而且是可以繼續使用的。因為政府違法拆除，造成納骨塔的損壞，信眾親屬變成受害人，所以師父變成詐欺人？納骨塔的損壞是師父造成的？這樣莫大的冤屈，師父才是真正的受害者啊！

當時媒體報導整棟明安寺納骨塔是悟覺妙天禪師買的，但真實情況是業主拿其中三樓抵債，然後整棟明安寺被怪手違法拆除，卻說負責的人是師父！

明安寺拆除的過程非常粗暴，尤其許多佛菩薩法像被毀壞。

高院判決的爭議之處

檢察官認為，高院在無憑無據地推論師父「知情」而改判有罪，這已經違反了刑事訴訟法上有名的「罪疑惟輕原則」，在證據不足之下，必須判決無罪。刑事訴訟法也要求必須達到「毫無合理懷疑之確信」的心證，才能判決有罪。（無罪判決文引用：高院92年上更（一）字70號、高院96年上重更（二）字53號）

在台灣，許多宗教團體為了籌措弘法資金，都會採取販售寺廟附設靈骨塔的方式，但是在民國八〇年代，納骨塔並無法令管理，當時的「墳墓設置管理條例」只針對土葬而沒有提到火葬。直到民國九十一年七月十七日頒布「殯葬管理條例」，才對火葬及納骨塔設立規範；換言之，高院判決是用十年後的新法令，去苛責十年前的行為，殊不知在那個年代，全台灣的寺廟附設靈骨塔全部都是違建。

民國九十一年新頒的「殯葬管理條例」第七十二條，直接承認寺廟納骨塔的合法地位二年，要求二年內補正相關程序，且均不得強制拆除，但此法令在執行上卻困難重重。十年後，民國一〇一年一月十一日立法院修正通過「殯葬管理條例」全文，這次乾脆把二年補正期都刪除，全部「就地合法」。所以全台各大寺廟的靈骨塔之前曾經都是「違建」，如今卻已全部都「合法」了。既然民國一〇一年一月的新法都承認寺廟納骨塔「合法」，高院卻仍在同年民國一〇一年八月七日判決禪師販售「違建」靈骨塔有罪，這難道不是冤判嗎？

妙天禪師因這場被法院冤判所受的「法難」，卻催生出「殯葬管理條例」，讓全台灣所有寺廟的附設靈骨塔可以洗脫違建汙名，就地合法，並免於遭受強制拆除的命運，讓無數民眾的先人靈灰魂魄得以安息，造福蒼生。但世人卻完全不了解禪師犧牲小我、完成大我的無私奉獻，繼續誤解批評者依舊大有人在！

因此這些不實報導，讓真正瞭解師父為人、跟隨祂修行的弟子聽來，實在很難過，不管外界如何的抹黑、謾罵與攻擊，師父最在意的還是弟子有沒有受到驚嚇與欺負、日後禪修的道場夠不夠好，所有同修護持的經費，想的都是去找交通便利、磁場更好的道場，讓同修禪修。

師父認為，不管是國家領袖還是政務官，在擁有領導統御及專業知識的基本素養外，還應具備宗教家的慈悲胸懷，唯有如此，才能發揮民胞物與的精神，大公無私的為百姓服務。

師父還二次被自己一手栽培起來的十五年弟子所背叛。禪宗的戒律第三條有載明「不可私收弟子」，在二〇〇四年兩次背叛師門後，這位弟子自己成立宗派。

一九九八年這位弟子曾罹患重症，多重器官衰竭，他的妻子請求師父救她丈夫，師父最後幫忙背叛弟子康復，弟子也在大家面前發表「感恩懺悔演說」，後又重回到法門當中，再度公開道歉，感恩師父讓他回到門下繼續修行，師父用大愛去救他。

那弟子表示，自己在病床上，「眼睛一閉起來就進入幽冥界和地獄界，那時有很多在幽冥界的眾生……眼睛一閉起來就在地獄裡面，好恐怖。」師父後來叫他閉上眼睛想著「請給我補功德的機會」，這位弟子照做後，眼前不再是地獄，而是「一片無量的光」。隔天連主治大夫都訝異這位弟子氣色如此好，兩周後就出院。一個人心是什麼來的，幻化出來的境界就是什麼。

這位弟子因違反禪宗戒律，終被逐出宗門。這樣一位屢犯宗門戒律的弟子，師父仍不放過任何一個懺悔的靈魂而救度了他。但當一個人執意要將自己的靈魂賣給魔鬼時，這時師父就只能放手了。

魔王波旬為天界中最高的第六層天，他化自在天王，因以世人的欲樂為自身的樂趣，故不願修行人自絕於欲樂，更不願見他們成佛，常在人間破壞佛法，阻擾修行人，使人們沉迷在欲樂當中。當他看到悉達多太子即將成佛，預見他要宣揚使人滅苦離欲的成佛之法，恐懼無欲樂供自身攝取，便想方設法阻撓悉達多王子修行。

在佛經故事中，釋迦牟尼佛修行過程中，曾多次拒絕波旬的誘惑，且波旬宣傳之後將千方百計阻撓佛教的修行，使他們沉溺欲樂，甚至化身為佛菩薩、僧人、居士模樣去歪曲佛法，將人引上歧途。

波旬對世尊說：「在末法時期，我將令我的徒子徒孫混入教團，壞你的佛法。」面對魔王威脅，世尊雖黯然，但一點也不恐懼。波旬說：「你涅槃後，我一定要破壞你的佛法。」波旬總是以誘惑、脅迫等方法企圖阻礙行者修道，佛說：「佛法是正法是真理，沒有任何力量，能夠破壞正法在法界。」

禪宗的許多宗師也都面臨過各種質疑與打壓：

釋迦牟尼佛

・栴遮那者以雜草填充腹部，而她的師父指著佛陀始亂終棄陷害。
・外道殺了孫陀利女子，嫁禍佛陀。
・世尊的岳父善覺王妨礙僧團，驅趕世尊和僧團。
・提婆達多買通八名惡漢要行刺世尊，在山上備妥巨石和石塊擊佛。
・調達與阿闍世王把五百頭象灌醉，企圖把佛陀踩死。

菩提達摩祖師

一位北魏法師菩提流支嫉妒祖師，時時刻刻想害死祖師，前後迭經六次下毒。

二祖慧可大師

慧可大師得法後，菩提流支的徒弟們更是嫉妒欲殺之而取代，隱居四十年後仍以「邪魔」來毀謗祂。

六祖慧能大師

·遭逢同修爭衣鉢，命如懸絲，大師為了逃匿追殺，真如喪家之犬，一路逃命。

·同修兵分兩路，惠明一路追趕要討回袈裟，卻動不了袈裟，得大師開示後大悟。

·外地來的法師伺機搶奪法衣，放火燒山，大師逃過一劫便往西而去，避難於獵人隊中，前後十五年。

·「南頓北漸，南能北秀」，二宗門徒各為其主，水火不容，時有所爭，甚至還派人加害，張行昌便是北宗門徒所派去的刺客。

案例不勝枚舉，從以上例子來看，是正法還是外道，這些真假是非的辯論，不是辯贏就是代表真理，更不是靜默就代表理虧。

祖偈曰：「此宗本無諍。諍即失道意。」所以，凡事是不是應該以更謙虛、更開闊的心胸從多元角度去做智慧判斷？

二〇一七年末，我入師父法門道場中，學習聆聽師父講道，看祂的一言一行及過去四十幾年傳道記錄及著作的種種點滴，去認識這位讓我打從心裡尊敬的祂，在人世間有三個人跟祂的想法及作法是很像的。

除了國父孫中山以外，還有王陽明和孔子。最特別的，是王陽明知行合一的「心學」，過去國父孫中山也是非常認同。

王陽明認為一個人一定要去做正確的事情，才是最重要的，無論做什麼事首先要確立一個正確的方向，這樣才能充分發揮自己的優勢，如果方向錯誤南轅北轍，那麼多有利的條件都只會起到相反的作用。

在現實生活中，我們所做的事情是否正確，有時候會決定一個人的命運。王陽明很小就立志要做聖賢，王陽明在二十一歲的時候，曾經跟朋友照著朱熹的理論做過「格物」的功夫，因為當年朱熹的理學思想可謂是官方正統思想，天下讀書人幾乎人人奉為圭臬，都說儒家格物致知，但又有哪一個真正按他說的去實踐過呢？

所以王陽明跟朋友就來實踐看看，早晚都看著竹子，探尋竹子的道理，結果兩個人都生病了，盡全力去冥思苦想還是想不出來結果，「格物」格得都病倒了。於是他們兩個就感嘆聖賢大概是命中注定的，也許他們沒有做聖賢的命，沒有這麼大的力量去格物，後來跟大家一起研究起辭章之學。

後來王陽明被貶到貴州龍場三年，徹悟了「心性」後，王陽明才知道「眾物必有表裡精粗，一草一木，皆涵至理」，意思是說天下萬物都是一體的，其根源與道相通，本來沒有可格的地方。而前輩大儒們所說的格物之功夫，只是在「身心」上做的功夫，如果能決然地在心底，認為聖人是人人能夠達到的境界，腳踏實地的朝這個方向去努力，心中便自有一種擔當，就會有一股強勁的動力驅使著一個人朝正確的方向前進。

做正確的事情是需要智慧、勇氣和能力的，很多時候我們不敢或不想去做正確的事情，其實就是害怕付出，害怕自己沒有足夠的勇氣投入戰鬥，害怕自己的智慧不夠，害怕自己的能力不足以擔當，所以就退縮了。我們的頭腦是很聰明的，在各種慾望和恐懼情緒的引誘下，它會輕易的騙過我們的心，讓我們去追求一些無關緊要的人世間東西，而沒有意識到，自己真正要追求的其實是另外一些東西。

所以如果你要實現一種美好的理想，卻沒有改變生活，沒有達到目標，就要「吾日三省吾身」，靜下心來反省分析，自己到底哪裡出問題，是那些消極的信念在阻止自己，還是各種負面情緒影響了自己的行動，以致自己沒有在做正確的事，要找出原因，清除掉，才能保證自己走在正確的路上，最終達到自己的目標。

王陽明在修身進德方面，有幾個獨到的認識。他認為，一個人在致良知的道路上，應該有一種「定力」，要有「咬定青山不放鬆，任爾東南西北風」的八風吹不動的精神。在往人生顛峰邁進的過程，往往是孤獨的，會有各種打擊、譏笑、誹謗、侮辱等，只有不顧一切、排除干擾向上攀登的人，才有可能到達頂峰。

「心學」在創立的過程中，也經常被世人譏諷為近於「禪學」，視之為異端邪說。對此，他總是持寬容的態度，從不公開與他人做激烈的爭辯，即使有朋友、學生實在看不下去，要站出來為他辯解，他也是制止他們，只要做好自己的事情就行了。

當年王陽明「心學」興起後，影響很大，動搖了程朱理學作為正統道學的地位，那些信奉程朱理學的人自然十分不滿，千方百計地找機會詆毀王陽明的學說，當時任御史的程啟充就是這樣的人，他們根據一些當權者的意思，到處倡議、攻擊王陽明的心血思想，甚至要上疏彈劾王陽明，稱其「心學」為「偽學」，以維護程朱理學的正統地位。王陽明的學生陸澄當時任刑部主事，見有人如此攻擊老師，便上疏欲為老師辯解。王陽明聽說這件事後，制止陸澄上疏，說：「面對流言蜚語，不予分辨，毫不介懷」，四面八方的人，因為講學中的觀點異同，對「心學」議論紛紛，我們根本是辯解不了的，任由誹謗自生自滅，流言就會自然停息。

就像當今社會上，很多人誤認為傳揚佛法是出家人的權利，但事實上在家居士一樣有權利去傳揚佛法。在這種情況下該怎麼辦呢？王陽明說：我們只有反求諸己，在自己的身上下功夫，如果別人的議論是對的，而我們還有做不到的地方，就應當虛心採納，不得認為自己是對的，而拒絕別人的意見，假如別人的看法並不對，而我們也自信自己是對的，則應當謙虛謹慎精益求精，這也就是古人所說的「默而成之，不言而信」，意思是：去做就會有成績，不做辯解而得到別人的信任。

王陽明在宦官劉瑾的陷害下被貶至龍場，這個災難也改變了他一生，宦官心裡想他肯定會死，因為在遙遠的路途中，餐風宿露，攀越崖壁，走在高山野嶺，飢渴勞累，憂鬱哀愁於心，豈有不死的道理呢？可是王陽明由於保持了快樂的心情，在十分惡劣的環境裡面生存下來，而且還堅持修身治學，德業並進，最後在龍場悟了道，並創立了「心學」。

跟他有過同樣經歷的南宋名臣文天祥，是在充滿糞便的的監牢當中，永遠像夜晚一樣黑暗的日子，在這種不堪人住的惡劣地方，說也奇怪，文天祥居然什麼病也沒有生。據文天祥自己陳述，在他看來，這個地方就像住在安樂國中，沒有其他個人方面的憂愁，只不過由於自己身懷浩然正氣，各種病邪就不會侵襲自己的身心。

文天祥在他名垂千古的《正氣歌》裡面說到：天地之間有一種正氣，隨著各種事物的不同而賦予它們種種的形狀。處於下面的有山川河流，高高在上面的則有日月星辰。人則稱之為浩然之氣，這種浩然之氣無處不在，充沛而充塞於天地宇宙之中。

在平常的時候，浩然之氣沒有表現的機會，但在時局危難的時候，一個人所具備的浩然之氣就表現出他超常人的氣節來，足可是他名垂青史。這種浩然正氣磅礴無邊，凜冽而萬古長存。當一個人獲得這種氣，貫通日月天地時，萬物於我同一體，世人所看重的生死安樂又何足掛齒？

而道義之所在，實在就養浩然之氣的根本。從文天祥的《正氣歌》中我們可以看到，文天祥的心中是有一個價值觀的，他看到一個比生死榮華富貴更加重要的東西，那就是一個人的良知，一個人的大義和民族氣節。

同樣的，我在悟覺妙天禪師的身上，同樣看到這樣的浩然之氣，他被媒體這樣非正義理性人道的不實報導，長達兩個月之久，要是一般人早就受不了，但禪師正因為有這股天地浩然之氣，貫通天地日月，所以毀謗寵辱皆不驚，萬物與禪師一體了。

一個人遇到如此惡劣的處境，仍有很大的信心，能夠當下承擔，他早就達到聖人的境界。

但是從另外一個角度來看此事，今天各種言論是非、誹謗，豈不是我們用來動心忍性、砥礪自我、切磋學問的好機會嗎？而且人們之所以議論紛紛，並非一定有私怨於我，而是他們想維護自己私利，如此一想，他們的言論也是可以理解的。

相信禪師和王陽明定深深知道，面對來自各方的譏笑和毀謗，如果老是沉浸其中，與別人爭論不休，不僅會浪費自己寶貴的時間，也會影響到自己在周圍人們心中的形象，還會使自己的心情受到影響，白白浪費很多精力，造成事情不順。

王陽明認為無辯止謗，他集中自己全部的精力和智慧，將潛能發揮到極致，激勵他「立功、立言、立德」於一身，成為「真三不朽」，實現了自己遠大的理想。

師父如釋迦牟尼佛和歷代聖人一樣，一點也不恐懼，「自反而縮，雖千萬人吾往矣」，意思是說：反省自己覺得理直，縱然面對千萬人，我也勇往直前。師父挺身站出來組台灣第三大黨，為救台灣現況，師父把祂所有的精力、金錢全都投注在改變台灣政治環境，為人民生活變更好而全力以赴，讓台灣更進步繁榮，百姓富足安康。

同樣我們也看到當年毀謗師父的媒體，很短時間就事業垮臺，家道中落，易主經營，所以呢？人是不可以隨便為利益而出賣自己良心的。

賈伯斯在回憶他人生的第一個一億美元時，他說：「我永遠不會忘記我生長於中產階級的家庭，我看到蘋果公司一些人賺了大錢，開始買勞斯萊斯與好幾棟豪宅，這不是我要的生活，我對自己承諾，絕不讓金錢破壞我的人生。」他相信過多的物質慾望會腐蝕人生的靈魂，這也許跟他學禪多年有很大的關係吧！

連賈伯斯這樣一位學禪、尚且沒有證道成佛的人，都有這樣的看見，並說出「絕不讓金錢破壞我的人生」，更何況是師父這樣一位證道成佛的人，八十六歲的師父身體硬朗，頭腦清楚，從沒有被法難所打擊，而越挫越勇。

一位能教導弟子這麼多宇宙的天理和解脫之道，並要帶領祂的弟子回到永恆家鄉的師父，八十六歲的祂甚至不惜傾家蕩產，毅然而然組國會政黨聯盟，就是為了救台灣，阻止台灣政治繼續惡鬥，讓國家能夠真正政治清明，不讓百姓生活困苦，恢復經濟繁榮，希望能夠幫助台灣百姓更富足、更安樂。這樣的一位師父，會去做媒體惡意毀謗的這些事嗎？我不禁痛從心來，更能夠體會到歷代宗師為傳正法所遭遇到的艱難。

二十多年過去了，師父八十六歲的身心狀態像個五十幾歲的人，非常硬朗，耳聰目明，從沒有被擊倒。師父一生就是眾生最好的見證，見證了佛法的了不起，不需要全身都是病態還說是背眾生的業障。拿了眾生供養的錢，如果自己不是福田（施主一粒米，是要披毛帶角還）、沒有證量，是無法為眾生講解真正的解脫之道的，更別說超度亡魂，這是負了眾生，所以這要很謹慎！

師父至今仍在為民勞心勞力，親自組織政黨，為人民認真發聲，努力前進國會，讓惡鬥兩黨能夠停止，促使百姓安康，國父孫中山先生說：「政治是可以『大善』，也可以是『大惡』的。」建立一個好的政治制度，把整個社會帶向一個百姓富足安康的境界，這也是一件大功德。

蘋果的賈伯斯曾說，他真正的榜樣不是巴菲特、不是比爾蓋茨，而是窮光蛋的養父，養父的人生只力求產品完美，影響他也把多數的精力全投注於產品，不斷向前邁進，使之日新月異。他不關心股價，只在乎自己的作品是否足夠改變世界。

我的師父也同蘋果電腦賈伯斯、國父孫中山一樣的情懷，祂最在乎的是能夠讓台灣成為天堂，地球成為佛國淨土，我們愛這個地球原來純淨的樣子，希望它再一次永遠的純淨。

師父這一代做不到，祂要下一代弟子繼續努力，讓每個靈性皆能夠找到回家的路。因為祂老人家最在乎「能改變世界，兩岸和平，世界大同，地球成為佛國淨土」。這是師父的願力，也是眾弟子們的共同願力。

第二篇

悟覺妙天禪師的智慧開示

第六講

印心佛法修行法要

修行「印心佛法」有以下八個要點，分述如下：

金剛蓮花印

金剛蓮花印是悟覺妙天禪師傳給禪宗入門弟子最珍貴的禮物與寶藏，「金剛」代表無生無滅、永不退轉、一心成就的金剛心，象徵出污泥而不染的聖潔之心，就是自性。結金剛蓮花印就是以佛禮佛、以自己心中的自性佛禮佛。故金剛蓮花印代表自性本體坐在牢不可破、堅固無比的蓮花上修行，永不退轉。

十脈輪清淨法門

（一）地—名色脈輪、無始脈輪、無明脈輪、吉祥脈輪

（二）人—如意脈輪、明心脈輪、二空脈輪

（三）天—智慧脈輪、法眼脈輪、禪心脈輪

禪宗十大戒律

（一）不可欺師滅祖
（二）不可破壞宗譽
（三）不可私收弟子
（四）不可傷天害理
（五）不可邪術騙人
（六）不可妖言惑眾
（七）不可欺負弱小
（八）不可落井下石
（九）不可酗酒亂性
（十）不貪瞋癡慢疑

禪宗十大法印

（一）不被我執所誤
（二）不被法執所惑

（三）不被功利所迷
（四）不被物慾所苦
（五）不被幻相所使
（六）不被惡勢所瞋
（七）不被情慾所困
（八）不被俗情所擾
（九）心地光明磊落
（十）智慧博大無邊

離四相無我執與法執

（一）無我相、人相、眾生相、壽者相
（二）無我、無法

六度波羅蜜

（一）布施
（二）持戒
（三）忍辱

（四）精進

（五）禪定

（六）智慧

十地菩薩解脫法門

（一）初地歡喜地菩薩

（二）二地離垢地菩薩

（三）三地發光地菩薩

（四）四地焰慧地菩薩

（五）五地難勝地菩薩

（六）六地現前地菩薩

（七）七地遠行地菩薩

（八）八地不動地菩薩

（九）九地善慧地菩薩

（十）十地法雲地菩薩

傳佛心印

宗師密傳世尊真傳—不立文字、教外別傳、佛心傳心、佛心印心之佛心印

悟覺妙天師父弘揚的是禪宗的「佛心印心」，主旨是以淨化人心，啟發智慧，轉移社會不良風氣，提升民眾的靈性，拯救世人免受天災人禍苦難，而最大的心願是建立地球淨土，人間佛國。然而，佛國淨土之建立繫於人心之轉化，隨其心淨則佛土淨。轉化人心由汙濁到淨化，要靠真正有力量的佛法，否則只有流於口號。

禪宗又稱「佛心宗」，每代祖師傳承下來的「心印」，非大根器者難以了解並繼承，故歷代禪宗傳承都只傳大根器者，而且一直未公開傳法，直到六祖慧能宗師，才首次普傳，才有後來的一花開五葉（瓣）。

禪宗的祖師過去會運用各種教學方法引導弟子，又稱做「機鋒」，就是要讓弟子悟入第一義諦，真如法性，自性清淨，名為「開悟」。

主要的核心思想為：「不立文字，教外別傳，直指人心，見性成佛。」禪宗的「禪」，它是指精神的集中，又翻譯成「禪定」，它是佛教很重要而且是基本的修行方法，被稱為三無漏學之一。

禪宗所謂的「禪」又指的是六度波羅蜜的第六度「般若」，也就是能夠引導學

禪宗宗旨

一、佛法救世　救苦救難　二、廣結善緣　佛國團圓
三、禪宗心法　當下開悟　四、妙心見佛　一世成佛

禪宗宗訓

一、不忘佛祖　佛心真傳　二、不忘宗師　印心接引
三、我們都是　如來家庭　四、祇求成佛　不求餘物

禪宗信條

一、尊敬師父　友愛同修　二、全心全力　護持道場
三、攝取眾生　莊嚴眾生　四、攝取佛國　莊嚴佛國

禪宗心法

一、佛佛傳佛　不傳二佛　二、佛心印心　不印二心
三、感恩懺悔　同心同行　四、清淨智慧　圓滿圓覺

持經要領

一心恭敬　見經如見佛　佛陀說法　句句為我說　經心相應　妙法在心中

人參究，因而證悟到本來自性清淨心。

禪，不執著於宗教，且超越了宗教，禪，不執著於人生，且超越了人生，多豪放啊！修行人的心就是這樣，一般人看不出來，做的事情人家看不出來，也不容易表現，人要往內修，往內清淨。禪定，定在什麼地方？定在自己的本心，就是住位在本心。

什麼是禪？

真情流露是禪！

純真至善完美也是禪

禪是宇宙萬物生命本體

禪是一切萬物生命的母光

禪是超越自己成就別人

這個世界是無常的，都是一直在變化的，但禪可以找到不變，可以讓人們先認識自己，才曉得修行的重要，才能夠超越自己。什麼叫做「超越」？就是好還要更好，「要自己好，別人要更好」，修「印心禪法」能夠超越自己成就別人，那美好的境界就出現了。

禪第一個特性是「超越性」。太陽在幾億萬年以前，就是如此照耀大地萬物，現在也是如此，再過幾億萬年，它仍是不會變，禪也是不會變的，時間、空間會變，但禪的整個結構不會變，它具有超越性。你只能說出你這一生當中所見到、所感覺到的一些事物，可是你這一生之前及生後，它仍然存在，所以禪超越時空。

有生命的禪，要有超越性，那麼當自己學禪的時候，要如何才能超越？一萬個人有一萬個不同的思想，有一萬個不同的環境，主觀、客觀的條件都不一樣，例如這一萬個人的身體健康狀況不相同，想法也不相同。以所受的教育而言，雖然是同樣的教育程度，但所吸收到的知識也都不一樣，相同的父母親所生出來的兄弟姊妹，學歷、個性、前途都不相同。

從這些不相同中，什麼人能夠先超越自我，就能超越別人，這些超越指的是從知識到智慧，超越知識到達智慧的境界，從病態的身心到健康的身心，從知識到智慧，從生理到心理這些都要自我超越。

第七講

學習印心佛法首重「開悟」

印心佛法首重開悟，世尊告訴我們，修行有一定的步驟，就是「戒、定、慧」，但一般人都忽略了，最後還有一個最重要的「解脫」，所以應該是「戒、定、慧、解脫」。「戒」就是清淨「定慧」，我把它合一為智慧，因為智慧來自於定中。

這種智慧不是世間的智慧，而是出世間的智慧，也就是佛智。如果要進入佛的智慧，領悟佛的智慧，必須經過禪定，從禪定中超越「人」的層次，才能得到最後的解脫。而要解脫，必須修圓滿法，然後才能圓覺。

所以「戒、定、慧、解脫」就是悟覺妙天師父說的「清淨、智慧、圓滿、圓覺」。也就是福智。如果要圓滿修行，就要有開悟的心。為什麼人要修行？因為人心不夠圓滿，不夠清淨，不能見到本性、見到本心，所以將來不能回到佛國淨土。

如果不修行，就浪費了此生來到人間的意義。人可分為兩種，一種是懂得修行的人，另一種是不懂得修行的人，可是很多人雖然懂得修行，卻執著於世間法，所謂世間法，就是世尊證道時所開示的「我執」與「法執」，眾生就是因為我執太深、法執太重，所以不能成佛。

我們有了人的身體，才能聽聞正法，然後經過修行，最後證得正果，這是人生唯一的目的。佛在《金剛經》說：「一切有為法，如夢幻泡影，如露亦如電，應作如是觀」，這句偈說的就是人間，人的一生就像夢幻泡影，或像晨露、閃電一樣，一下子就過去了，所以不要太執著人間的一切，因為人間只有一個世紀，短短的一百年而已，甚至真正能活到一百歲的人也不多。

一個人有幸來世間一趟，不是為了追求世間的名、聞、利、養而來的，因為這些都是帶不走的，最重要是如何獲得不生不滅的生命，並把這真理傳給別人，並帶領別人，也一起得到這不生不滅的生命，這才是生命來到世間的意義。靈性的未來，是永生，還是又要輪迴？就決定於這一生的修行成就與否。

所以，有開悟的人，即是所謂的大根器者。沒有開悟的人，就不懂得修行對生命的重要；沒有修行就不知道，也不去理會天堂、佛國與地獄。直到人生最後一刻來臨，才開始害怕、緊張與恐慌，但為時已晚，已不能夠挽救。

修行才是人生最重要的大事，但我們卻都顛倒了。也看到很多年紀大的長者，沒有修行，晚年時生病卻心驚膽顫，害怕死亡。殊不知「生命誠可貴，慧命猶至尊」，卻把自己珍貴的生命帶向可怕境界。

由此可知「出世間法」要比「世間法」更重要，因為世間法只有幾十年，我們要以有限的幾十年、頂多一百年的生命，換取無生滅的無限生命，這才是修行的真正意義。

可是一般人是怎麼想的呢？有句話說：「左也布袋，右也布袋，放下布袋，何其自在！」左邊布袋裝的是「我執」，右邊布袋裝的是「法執」，如果能把這兩個布袋放下，那是何其自在！所以每個人都應該好好體會這句話，這些布袋所裝的，都是世間法。

當年六祖到五祖門下求法時，對五祖說：「只求成佛，不求餘物。」所謂餘物，是指世間的一切慾望和執著。修行就是從這裡開悟的，如果沒有真正開悟，不可能成就，即使世尊再世，也沒有辦法，因為修行要靠自己的悟性。

師父來到人間，在人間設立道場，希望能夠「攝取眾生」，接引一切眾生來道場修行，進而「莊嚴眾生」，讓他們能夠成就，這是對「人」而言。至於成就佛陀以後，還要去接引眾生，教導眾生，讓眾生的佛性能夠完全清淨，見到本來的佛光，能夠自度到佛國。

世尊已經在地球建立了佛國，所以我們要設法讓地球的眾生成佛。如果地球上的所有人類都能成佛，都能做到「清淨、智慧、圓滿、圓覺」，這個地球就是佛國，就是天堂，而我們就是住在佛國、住在天堂，不會有災難。

人間所有災難都是共業所造成，很多「地、水、火、風、空」的大災難，都是由於與當地眾生的共業而造成。如果人人都能修行「清淨、智慧、圓滿」的印心佛法，進而成就，這個世界一定非常美好。

師父每次傳法的時候，都會想到世尊當年弘法的種種苦難：在二千五百年前，世尊和弟子們一步一腳印地走過一村又一村，挨家挨戶去托缽，世尊是這樣弘法的，前後是四十九年，直到涅槃。

所以，我們應該時常體會世尊為眾生示現可以成就的苦心和苦行，因為相較於世尊其他的諸弟子們，我們實在幸福太多。世人就是因為福報太多，所以只知道求自己的福報，忘了要為眾生再造更多福報。

今天，我們要遵照世尊傳下來的大愛精神，永續地接引有緣人來修行，並讓他們成就，這就是「攝取眾生、莊嚴眾生」，是非常神聖的工作，因為接一個人來修行是無限大的「無相功德」。

師父說，雖然我們沒有剃度，但不表示我們修得不好，因為一切法都在這顆心，而眾生的心是墮落的，所以六度萬行有所謂的精進，就是我們要隨時保持精進修行，在「身心靈」的修行上不斷精進，在「清淨、智慧、圓滿」的修行上不斷精進。

修行能不能成就，並不是由時間決定，而是看「精神力」。師父一再強調，修行一定要超越地球時空，如果停留在地球時空，修到最後仍然是「人」，所以必須要用師父所傳的禪定，來超越地球時空。

如果要從「人」修到「菩薩、佛」，進入聖位，必須先超越三界，也就是超越欲界天、色界天和無色界天。要超欲界天很容易，但也很不容易，只要能夠做到清淨，就可以超越慾望，看似簡單，但要做到並不容易。如果沒有開悟，就很困難，如果能夠不犯「貪瞋癡慢疑」、「殺盜淫妄酒」十戒，就可以超越欲界天。

一個人只要能夠守戒，對人類有貢獻，就可以往生天界，但如果不守戒，身心不清淨，就會隨著自己的汙染而流轉，不知道下一世會投胎到什麼身，所以修行一定要開悟，有說警惕，才會進步，才能證果。

簡單地說，第一個要求就是守戒，當年世尊就非常重視戒律！因為戒律是最根本的佛法，也就是清淨。也就是說，清淨是最根本的大法，如果不能做到清淨，不可能進入聖位。

過去，佛為了要超越三界天，曾告訴我們有初禪、二禪、三禪、四禪，還有欲界天定、色界天定和無色界天定；也就是要修到「意空」，沒有妄想，只有正念，所以佛要我們修「八正道」。世上有許多形形色色、各種不同的法門，大家要用心、用智慧去判斷，要有正見、正思惟。

佛傳無上法　為度眾心性

禪定，如果不是為了見性，是沒有用的；一切修行如果不是為了見性，也是沒用，這是禪宗歷代祖師告訴我們的，修行如果不是為了「見性成佛」，根本不用修。

今天，我們有幸轉到人界，才有機會修行，又能跟師父修行的佛緣，是非常珍貴要珍惜的。禪宗的修行，一向都是弟子向師父求法，因為這樣才懂得珍惜，才真正明白修行成就的重要。

師父曾收到一封雲林同修的來信，問到「法」與「心」的問題，因為他不明瞭「佛說一切法，為度一切心；如無一切心，何用一切法」這句佛偈的意思。其實修行的目的，就是為了度自己這顆眾生的心，因為眾生心充滿「貪瞋痴慢疑」和「殺盜淫妄酒」，所以我們要度這些妄心。

如果沒有這些妄心，又何須一切法？如果身心和靈都一起清淨了，又何用一切法？修行就是全度一切心，這一切心，就是我執和法執的心，就是眾生的心。

我們要把眾生的心變成菩薩的心，也就是慈悲心，不是三毒三邪的心，所以我們才要修行，才需要正法。一切修行都在修心，因為一心生萬法，萬法是指哪些法？就是地獄的法、佛國的法，一個人最後是往生地獄，還是佛國，完全取決於自己的心。

十個脈輪　十個法界

師父在傳印心禪法時，傳了十個脈輪，這十脈輪代表十法界，地獄、餓鬼、畜生、阿修羅、人、天、聲聞、緣覺、菩薩、佛。同時師父也把世尊的四禪八定，融入在這十脈輪裡，就可以超越三界，但必須要跟師父修才行。如果沒有抓到十脈輪的要點，沒有一點感應，也很難進入聖位。

脈輪是人體能量的中心，透過禪定專注的修練，可使脈輪的能量活躍，並將能量輸送至五臟六腑，補充體能元氣，延年益壽。我們透過禪坐中的精神統一的力量，可以讓這些脈輪得到淨化，不但身體會因此而越來越健康，站在修行的角度，可以清淨這十法界，提升靈性。在生理上，這些是指人體內各臟器、腺體、神經叢、脈絡或所經之道，是生理上的重要部位，而且是人體電能的產生地。舉凡荷爾蒙分泌、新陳代謝、營養吸收等，都可以透過專注脈輪的功夫而得到強化。當人年輕的時候，正是全身能量最旺盛的時候，所以顯得青春活潑、精力充沛，即使偶爾罹患疾病或損傷，也很容易復原。但中年以後，如果能利用專注脈輪的方式，保持身體機能正常運作，就可以獲得健康與長生。

這十個很重要的脈輪，由下而上分別是無始脈輪、無明脈輪、名色脈輪、吉祥脈輪、如意脈輪、明心脈輪、二空脈輪、智慧脈輪、法眼脈輪、禪心脈輪。

這十脈輪象徵十個法界，這是師父特別把這宇宙奧秘告訴我們，十個法界都在我們自己的身上。當脈輪能夠自行運轉，我們的色身就與宇宙同體，能很自然地藉天地靈氣來轉換體內的濁氣，也就是將身體裡面的濁氣轉換成靈氣，供給各器官、細胞所需的養料，得到適當的補充，讓人體細胞得到活化，當細胞帶氧量提高，體內的細胞體也會產生一些變化，讓衰敗的細胞恢復生命力。當細胞淨化後，身體的病痛也會跟著解決。

精煉光的磁場　蓄積生命能量

想要擁有健康，透過禪定開發人體自癒力，清淨十脈輪是最自然且直接的自療方法。

而要讓身體愈來愈健康，就必須從「呼吸」開始練習。氣，可以經過訓練而達到聚氣的效果，從空氣吸進來的氣，透過專注的力量，經過身體的昇化作用後，變成元氣、真氣，再提升到「電」的磁場，甚至精煉後，可從骨髓裡產生「光」的磁場，而這股宇宙生命之光，能代替藥物來治療疾病。

如果能將氣提升到電，再一路提升到靈電、靈光、光電，身體根本不會生病，也不會衰老，還可以延長壽命，這就是禪定的好處。這股生命力量，會自動將能量補充到各個器官、組織或細胞，以維持正常運作。比方老化、退化的細胞，在得到這些能量的補給後，會回復原有的功能，使細胞再生；甚至可以改變細胞最原始的基因，發生病變的地方也會慢慢地好起來，是最自然的自療方法。

當元氣換成真氣後，可以幫助我們強化內臟器官，真氣濃縮後，廣泛使用到各臟腑，能使臟腑恢復本有的健康，因為此時的氣，已經有生命的力量，將之導引到不健康的器官，能慢慢地讓該器官恢復彈性。以肝硬化為例，就是肝臟表面已經纖維化，若讓它得到真氣的滋養，就會慢慢軟化，生病的肝臟會自然恢復健康。

若進一步想從「氣」的磁場昇華到「電」的磁場，則要利用身體的神經系統，因為一個人的身體，從最外表的皮膚、到肌肉、血液，乃至整個內臟，都佈滿了神經，神經是整個身體的交通網，是最快速的。運用交感神經和副交感神經，也就是中樞神經系統，能從脊髓通達到腦，遍布全身。

神經細胞有一個很長的纖維，它有所謂的軸突和樹突，樹突就如同樹根一樣，會向外延伸連接到末梢神經，然後接到五臟六腑。因此，只要帶動神經系統，當下就可以把能量帶到全身，清淨身心。

師父傳的印心佛法和印心禪法，印心佛法是讓「人」證到佛的般若智慧，也就是成佛的智慧；印心禪法是讓「人」到達佛的方法，兩者都是世尊所傳的正法，是成就的正法。

師父希望大家能一面修行，一面用心去參：人生如此短暫，可是出世間法是無限大的，所以應該要多注重出世間法的修行，我們都是好幾十歲的人了，剩下的歲月也不過幾十年，應該要為自己的將來好好安排，要為自己的靈性作好準備。

我們的靈性來自於宇宙聖光，宇宙的造物者就是佛，就是上帝，但不論是佛、還是上帝，都只是一個代名詞，本來所有的靈性都是來自於同一個地方，那裡充滿了靈光和智慧，只是經過數不清的累世輪迴之後，迷失了回家的路。

今天，師父承接世尊的使命，承接了禪宗法脈，來到人間，就是要和大家一起回家，所有的道場和禪修會館，都經過師父開光，都有世尊的法身存在，所以大家來到這裡，只要一心清淨，相應道場的一切能量、一切佛光，就可以得到身心清淨，也可以得到智慧。

每個人都有業障和靈障，這兩種障礙是怎麼來的？就是累世以來因無明而不斷造業，所以才有業障，而靈障則是累世以來眾生與眾生之間、眾生與眷屬之間的因緣，如果要回佛國，就要把業障、靈障全部清淨，讓自己一身輕，自然放光就可以清淨地回家。

人之所以不能放光，是因為心裡黑暗，充滿了烏煙瘴氣的業障與靈障，所以身體才會生病，心裡才會有煩惱與痛苦，而讓靈性蒙上一層雲霧，見不了佛光。

修行就是撥雲見日的功夫，如何撥雲、如何見日？就是要修這顆心，要堅定的禪心，不要聽到哪個宗派在傳財神法，可以讓人賺很多錢，或是可以讓人達到什麼境界，就被迷惑而放棄正法修行，轉入偏門。應該要用正見和正思惟來判斷，不要破壞自己的正命，荒廢了幾十年的修行基礎及成果。

有些人認為做人很好，為什麼要修行？如果覺得做人很好，也許是因為父母及或祖先的功德，才能讓子孫享受今天的福報，但在享受今天福報之餘，應該要有智慧，去為眾生造更多福報，否則等到福報享盡，災難就來了。

如果有人認為有哪個法門、哪個門派，可以讓人見性成佛、成就佛菩薩、進入聖位，想要去那裡修行，師父絕對不會反對。如果有更多人，像師父一樣是證道過來的，而大家想去追隨他修行，師父絕不會反對。師父不像有些門派，弟子入門後，還要一關一關地受控制，而且要向師父跪拜。師父只教大家金剛蓮花印，這是最崇高的禮敬。

同修與同修之間，以金剛蓮花印互相禮敬；同修向師父頂禮，也是用金剛蓮花印；師父回禮弟子，也是用金剛蓮花印；這是以佛禮佛，是最高的禮敬。因為金剛蓮花印就是佛印，兩個拇指交叉代表十方法界，是最崇高的，代表「眾生與佛，一切平等」。每次禪定結束，師父都會說「請放下，請休息」，放下，是把一切放下；

休息，是為了走更遠的路，什麼是更遠的路？就是成就。

相法在人間真法入實相。所謂佛法，是能夠成佛的法門，也叫做正法，但佛法又因人的開悟先後而有所不同，所以有「方便法」和「究竟法」之別。方便法是對一些還沒有接觸佛教的人，先讓他入門修行，把心靜下來，不要去造業，要多做善事，多行布施。布施的目的，是幫助他去除我執和法執。如果一個人的修行認知足夠，聰明和悟性也不錯，可以直接修禪宗法門的正法。可是很多法門也自稱禪宗，所以要分辨清楚。

世尊和禪宗諸祖師都告訴我們：「若以色見我，以音聲求我，是人行邪道，不能見如來。」如果不能「見佛」，當然也不能「成佛」，為什麼？因為佛說「若以『色』見我」，如果以「人相」來見佛，以人的眼睛、眼光、思想來見佛，是不可能的。「以音聲求我」，如果想以念頌「南無阿彌陀佛，南無觀世音菩薩」來見佛，也是不可能，佛說這是「人行邪道」，已經偏離佛道了，「不能見如來」，不可能成就。

我們常聽人說，要大根器的人才能修禪宗這種究竟法門。可是有些人偏偏一直執著方便法門，希望將來在命終時，可以等待菩薩來接引。如果功德不夠，不能與菩薩相應，菩薩就更不可能來了。

至於究竟法，是自己度自己，可以直接回佛國，不需要菩薩來接引。所以禪定時，一定要讓體內所有眾生都「放光」，這些體內細胞都是眾生，眾生不是指身體外的眾生，身體裡面就有很多眾生，我們要度盡這些體內眾生，讓這些眾生沒有一個還需要被度。

《金剛經》一開始就提到「降伏其心」，如何降伏其心？世尊並沒有直接回答，但實際上祂已經答覆了，就是要讓我們的身心，沒有一個眾生還需要被度，這樣就能降伏其心，是自己降伏自己，而不是被誰降伏。

所以要覺悟，要放下，要認知「出世間法」比「世間法」更重要。一般人如果想求佛學，一定要看佛經，但如果只是看佛經、背誦佛經，或是一直唸佛，那就很可惜了，為什麼不去禪定？佛不是告訴我要「戒、定、慧、解脫」嗎？如果唸佛、看經，可以把佛學知識轉成智慧、就會開悟，就會真正來修究竟法門。

然而事實並非如此，許多人只是在背誦佛經，甚至用佛經來超度。

清淨無為法　光照眾心性。

真正的超度是度「活人」、度自己，不是度「死人」。《金剛經》和一切經典都是在超度自己，這就是法，為度我們的一切心。如果心是清淨的，這些法都可以不要，因為自己可以放光、自己回到佛國。

修行到最清淨的時候，就可以看到光，比方在禪定中，就可以看到光，那是靈性之光。世尊所傳的四禪八定，師父把它依序歸納為初定、深定、正定和妙定。四禪八定是到正定，「妙定」是要進入「聖位」的禪定方式。禪定時的呼吸是深呼吸，要把氣吸到腹部。

師父曾聽一位同修說，他修了二十幾年，氣還到不了腹部，師父就告訴他：「呼吸的時候，胸腔不要用力，不要緊繃，否則氣下不去。一定要放鬆，慢慢來，氣就可以下去」。所以修行不是「知道」就夠了，還要做到。做深呼吸時，專注力要放在名色脈輪，然後到無始脈輪、明心脈輪，最後到禪心脈輪，這是中脈，非常重要。名色脈輪是生命的起源，位於肚臍後方。所謂名色，就是十二因緣的「無始、無明、名色」。因為無明，才有名色；因為無明，才去結婚、生孩子，所以生命的起源就是名色。有了名色以後，才有六入，然後才會生下孩子成為「人」，而後才會有「老、病、死」，這就是人的一生。呼吸時要設法用精神力、用念力，在名色脈輪作定點呼吸，也就是要專注。當然一開始，可能無法同時兼顧深呼吸和定點專注，但可以試著練習。

結大圓滿印的時候，兩個手掌心要同時與心相應，眼睛自然輕閉，深呼吸時，要專注名色脈輪，作定點呼吸。特別要注意，不是專注在表面，要進入脈輪裡面。也就是說，要用這種「專注手掌心與心的感應」方式，來感應名色脈輪，專注在定點，進而進入其中。

專注名色脈輪時，同時要融入精神力，就像我們還沒出生前，在母胎禪定十個月一樣，所以要感恩母親的偉大。不要認為人死了就一了百了，靈性還存在著。在修行的過程中，能不能讓自己的靈性放光，回到佛國，還是像一般眾生一樣，完全是看自己。

所以精神力很重要，因為成就是精神成就，未來的法身就是精神力。如果能用精神力來處事，在入世法上也會很成功。修行是靠精神力成就的，所以不要每天迷迷糊糊，精神散漫，這樣不但不能成就，還會退步。

修行離不開禪定，尤其是禪宗，為什麼說「不立文字，教外別傳」？因為一般人都執著於文字，所以乾脆不立文字。所謂不立文字，就是不執著於文字，而求實際的修行。教外別傳，是禪宗很特別的一種傳法，就像師父傳法的方式一樣，但最重要的是「傳佛心印」，這是到了最後階段，要能與師相應、印心。

當師父傳了心印以後，就可以接到這個心印，然後印心，同時擁有與師父同等的證量，也可以接到諸佛菩薩的力量，但基礎還是要從專注開始。本來禪定就是要讓心靜，能夠入定，可是偏偏腳會痠痲痛，影響入定，所以要花時間訓練，等到氣打通以後生理與心理取得一致，便可一切隨心所欲，而且可以很快進入虛空界，甚至發現身體不見了。當進入另一個時空時，會有不同的感受，覺得輕飄飄的，非常自由自在。

清淨身心靈　心淨佛土淨

「心」是非常重要的，修行就是修這顆心，然後修身，要「身心一如」，讓身心和靈性一樣清淨。「如」是如來，像靈性一樣，也就是「三身一如」全部清淨。當「三身一如」時，就可以超越無色界。師父就是要帶領大家做到「三身一如」，和自己內在的如來一樣，這是每個人的未來佛，也是古佛。

一般我們看到彌勒佛，都說祂古佛，其實彌勒佛就是自己內在的那一尊古佛，是無生無滅、無始劫以來的古佛，祂原來就是從佛那裡分出來的，只是我們自己不

自覺。

當心清淨以後，就可以立即與佛相應。心若清淨了，身心都會很舒暢，所以要見淨土，必須先清淨自己的心，要先見到自己的淨土，只要這顆心沒有汙染，沒有貪瞋痴慢疑，沒有障礙，這就是修行。修行不是只有看佛經，看了佛經以後，還是要依照佛經，修「心」的轉變。

至於禪定，也是讓心清淨以後，可以進入自己心中的淨土，而這心中的淨土，和佛國天國的淨土是相應的，所以我們必須在心中建立一個很光明、很莊嚴的佛的殿堂，讓「自性」住在裡面，讓這尊未來佛住在裡面，讓祂能夠趕快成就，成為現世的佛。

雖然成就了現世的佛，外觀看起來還是一個「人」，但內在已經完全不同。一個已成佛的人，經得起任何侮辱和打擊，因為一切都可以「無生法忍」，不會被動搖，這就是「自性歌」說的「本無動搖」，是指靈性本無動搖，也就是說，不管外在環境是好是壞，都不會影響內心的清淨。

正法正心　智破魔障

一般人不了解清淨的重要，那是因為他們沒有修行。弟子們既然已經修行了，就一定要做到清淨戒。

如果有人在師父這裡修行，不守戒律，師父知道以後一定請他出去。比方說，現在很多人藉「我來輔導協助你」的名義，進而邀同修男女雙修，這是個魔、是鬼！如果這樣的人混進本門，師父絕對不允許。

過去魔跟佛說，將來它要穿佛的袈裟，學佛的法，破壞佛的法，既然已經進入正法法門修行，不要又流落到魔障、魔眷去了。本門弟子要成就菩薩、成就佛，修正法要有正心，絕對沒有男女雙修的情事。

所謂八正道，記不得順序無妨，但一定要秉持正心，「我有一顆真心來修正法，我要成就無上菩提」，要有這樣的心。

所以師父奉勸大家，修了正法、入了門以後，就不要隨便聽信他人。試想那人對於成就佛有幫助嗎？他很神通嗎？鬼、魔也很神通。修行要有智慧，不要糊裡糊塗就跟著跑，不要被魔障侵入心、被汙染，迷惑而不自知。

修印心佛法的益處

一、改善體質，增進健康：從深呼吸到腹部呼吸的練氣，乃至內氣運行，加強內氣磁場，促進血液循環，活化體內細胞，增強免疫力，強化生命力，自能改善體質，增進身體健康。

二、變化氣質，人格高尚：修印心佛法，有助於人生價值觀的肯定，轉俗心為菩提心，轉自私自利為利他愛心，淡泊明志，氣度非凡，自能變化氣質，人格高尚。

三、明心見性，見性成佛：禪宗印心法門為釋迦佛祖真傳，不立文字，教外別傳，實相無相，微妙法門，依清淨法、智慧法、圓滿法、圓覺法，自能開悟直了成佛。

第八講

禪宗的傳承「印心佛法」

它是來自於釋迦牟尼佛的拈花一笑，在靈山會上，佛手上拿一朵蓮花，很多人不曉得祂是什麼意思，因為佛不說話，只有迦葉尊者知道佛的意思，笑了……迦葉尊者是最懂世尊的心的大弟子。正法就在這麼一笑之間就傳給了迦葉尊者，就這樣，「佛心印心」。

那時候，大家所見到的是一朵花，只看見迦葉尊者一笑，這麼一個微妙的法門就變成一個禪宗的起源。其實，大家所看到的只是它的表相，世尊祂另外「顯現法身」，那迦葉尊者用他的法眼觀到，曉得佛的本意。一切佛法不在於字，不在於話，是在於心，離心求佛，永遠見不到佛。

「印心佛法」就是以「佛心印你的心」，入於「禪定」的一種微妙法門。在學理上來講，印心是心靈兩者授受之間產生心靈的共鳴，也是所謂的「相應」。所以印心不是說你來找我，就是印心了，不是這個意思。印心是要「佛的知見」，用「法身傳佛的知見」，讓你的自性佛解脫，就可以見到自性佛了，就可以使自性發光。

我們修行就是要「見性」，要見證到自己本有的、清淨的、聖潔的靈性，所以人要有修行的智慧，才能夠見性。自性就是佛性，祂一切具足，不生不滅，不增不減。聖潔的佛性是永恆不變的，祂就是聖光。所以靈性的世界、佛性的世界，就是光明的世界、聖潔的世界。

我們修行就是要讓自己看到，人除了自身的生命世界以外，還有整個宇宙的現象，並看到靈性的世界，那是一個無生無滅的世界。修行，就是要到那個無生無滅的佛性世界去。所以，要有「開悟的心」，也有了成就的法，以及能夠引導大家到達佛國的傳法師父。從汙染到清淨，從清淨到智慧，到圓滿證果。一方面要靠自己本身的努力，另一方面，也要靠師父的帶領與引導，才不會變異，才不會中途退轉。

「印心禪法」是藉著上師的智慧的光，點燃心燈，讓心燈普照你整個地獄的眾生，讓它們得度，讓它們見到本來清淨的真如。當然接受的這位禪行者一定要開悟，開悟以後才能夠見性，開悟就是明心的工夫。

無上佛法　行菩薩道

本門所修的禪宗正法，為無上菩提法門，是無上佛法，不是小乘佛法或大乘佛法。本門是從菩薩起修，修行者須行菩薩道（六度萬行），要有菩薩的智慧，要修到十地，最終要成就無上菩提，也就是成就佛。

本門不同於一般的禪，現在一般的禪只是冥想，表相修行，但「印心禪法」可以實際進入體內的最小分子─細胞，從肉體（身體、魂）到魄（精神體）、到靈性，三位一體。最主要是透過自己真修實證，把禪融入日常生活中，直到見性，也就是真正見證到自己的本來面目。然而「見性」並非了事，這才是真正要踏入佛道的「無門之門」，真正去懂得「空性」的真實義，由此「悟後起修」，一直到淨除煩惱障與所知障之後，成就佛果。

印心佛法是藉由上師的智慧之光來點燃你的心燈，讓這盞心燈普照你體內的眾生，並使之得度，讓它們都能見到本來清淨的真如。

印心佛法是最究竟佛法

釋迦牟尼佛傳法四十九年，說法無數，但根據《楞伽經》，世尊說祂「不曾說出一字」，表示世尊真正傳的佛法，並不在語言文字上。那世尊真正傳的佛法是什麼？

世尊於涅槃前的靈山法會，手持大梵天王供養的金色蓮花，不說一語，現場只有摩訶迦葉尊者破顏微笑，於是世尊開示：「吾有正法眼藏，涅槃妙心，實相無相，微妙法門，不立文字，教外別傳，付囑摩訶迦葉。」這不透過文字、用言教之外的方式所傳的，就是印心佛法。

因此，印心佛法就是整個釋迦牟尼佛傳法的最核心，是最究竟佛法。

印心佛法是靈性在修

一般傳統的修行方法或者所謂方便佛法，諸如唸經、說法、持咒、布施、持戒、拜懺等，都是停留在五官及心理意識的層次，也就是「意識修行」。因為不能拋卻意識向內心修，所以想要做到意識清淨是比較不容易的，就好像我們體內的內臟如果有了毛病，是無法從體外處理好的。更重要的是，意識修行是離「心」修行，「靈性」並沒有因此而得到提昇。

真正的修行是向內心修，因為佛不在外，在本心。達摩祖師在《血脈論》中指出，「外覓佛者，盡是不識自心是佛」。唯有進入「靈性」的修行，才是直指本心的內證修行。

印心佛法既然是語言文字之外的傳法，是從「心」入門，直接由外面的「色身的我」找到內在的「靈性的我、本來的我」，是中道，是讓修持者能夠清淨、智慧、圓滿、圓覺的法門。

證道明師傳法

印心佛法既然是不透過語言文字，直接以心傳心的法門，就必需有證道的明師來傳。修行者要直了成佛，除了清淨意識層面，還會面對潛在意識，包括舊意識、原始意識等累世意識的障礙，光靠自己的力量而能突破者萬中稀有，必須透過證道明師的力量，才能帶領弟子的靈性，直達自性本體。所以達摩祖師說：「若自己不明了，須參善知識，了卻生死根本。」

「而明師的條件是什麼？」達摩祖師說：**「若不見性，即不名善知識，縱說得十二部經，亦不免生死輪迴，三界受苦，無有出期。」**中土禪宗從達摩祖師開始，傳承歷代祖師，都是以最清淨的本心及佛的證量，也就是「佛心印」，來傳給弟子，讓弟子也能得到同樣清淨的本心，同等佛的證量。這就是釋迦牟尼佛所開示的「不立文字，教外別傳」，不經由文字相，不經由聲音相，而是弟子直接能夠和上師印心。

印心佛法是一世成就法門

一般修行法門停留在意識修行，又沒有明師傳法，因此不容易清淨意識層面、更找不出有效方法跨越潛意識障礙，所以修行目標往往是下一世到更好的地方修行，比如唸佛往生西方淨土再繼續修行，而不敢談一世成就。

然而釋迦牟尼佛證道時發現「人人都能成佛」。因為每個人都有佛性，只要把「我執、法執」排除，就可以修行證道。人人成佛就是世尊的願力。

印心佛法可以引領修行者一步步從身體的空間，到意識的空間，到精神的空間，然後到靈性的空間。當修到靈性的階段，就能自我控制意識，就可以改變一個凡人成為聖人，也就是「超凡入聖」。因為印心佛法的修行是將色身的神識之心與內在的本心（也就是佛性）合而為一，就能夠轉意識成為智慧，能夠事理圓融，也就是不論出世法、入世法，通通都能夠圓通，當下就是佛。

印心佛法百千萬劫難遭遇

達摩祖師到中國傳承「佛心印」，經六祖發揚光大，但流傳至明代中期已經沒有大師表示自己得到心印，所以東初老人曾跟聖嚴法師說：「近世叢林所謂傳法，不在於心法而在於傳承寺主方丈的位子」。幸好明朝鳳頭禪師密傳心印給在家弟子，後經敬哉禪師帶到台灣，付囑給悟覺妙天禪師，大家才有機會可以聽聞到正法。

妙天禪師傳承的印心佛法，是最「清淨」、最「智慧」、能夠入世圓滿、出世圓覺的殊勝法門，百千萬劫難遭遇，師父非常歡迎大家一起來共修。

「印心禪法」是超越一切學術、科學、宗教的領域，可以當一門學問來學習，也可以當一門科學來實驗研究，也可以當成一部人生哲學來探討、一部心理學來解讀、分析，求得法論，更可以作宗教來信仰，認清身體生命的結構現象，如何獲得健康以及生命的延長，更可以突破心理精神方面的障礙，開發本有的潛能生命和智慧，找到本來自我。

再經過深定當中，破蛹飛天，真光現前，自由來去，證得真如實相，佛陀世界或耶和華天國世界，證得來自天界的大能力，改變為尊貴的氣質，轉黑暗為光明，轉暴戾為祥和，轉戰爭為和平，這樣的人生才有意義、有價值。

第九講
禪師談禪的境界

記得曾看過詩人余光中寫的一篇文章《山盟》，他寫到山是島的貴族，正如樹是山的華裔，「登島不朝山，是無禮」。接下來我也來個「禪盟」，禪是佛法的貴族，正如禪是佛法的中心，「學佛不識禪，是遺憾」。

悟覺妙天師父說：「只有達到身心沒有眾生，沒有地獄」這種境界的時候，才可以現成一個「法身」，也就是我們本來的真面目。在基督教來說，就是發現永生不滅的「聖靈之光」。

這是禪宗最高的修為，最高的境界。如果人間是這樣一個境界的話，那麼人與人之間就沒有對立，就是個太平無事、相安無事的世界，是非常圓滿的真善美的世界。

大部分的人對於「禪」這方面的體會，可能比較模糊，我想來談談師父所說的「禪的境界」，是禪宗當然定要來禪的境界。

禪宗傳承　如來心印

「佛教禪宗」的禪，是佛教裡面最重要的一派。禪宗的禪，就是從中國梁武帝時代，達摩祖師從印度來到中國，在少林寺弘揚佛法的時候，教人如何去坐禪。祂教弟子禪定就是「禪中無他心，定中無他相」。

「禪中無他心」就是在禪定當中，沒有其他的心去想其他的事情，「定中無他相」就是在禪定的時候沒有妄念。在「禪中無他心，定中無他相」的時候，才能「直指人心」，才能夠「見性成佛」。所以佛教禪宗這一派是唯一「頓悟」的法門，可以一世成就，可以當下即身成佛的一派，這是禪宗的禪。

禪宗的教義是「教外別傳」，就是說與一般的傳教方式不同，它是以另外一種特別的方式來傳法，也就是「不立文字」，不經過文字的這種「文字相」或是口說的這種「聲音相」來傳法，而是直接能夠「印心」。

禪宗的禪，從達摩祖師開始，經過二祖慧可大師、三祖僧燦大師、四祖道信大師、五祖弘忍大師、六祖慧能大師，都是「以心傳心，傳佛心印」，以佛的心印傳佛的心印，就是以最清淨的本心，從一個平凡的人可以到一個聖人的境界，這是禪宗的教義，是「正法眼藏，涅槃妙心，實相無相，微妙法門，不立文字，教外別傳，直指人心，見性成佛」。

禪宗的傳承，是沒有傳承的，但所謂沒有傳承還是有傳承，怎麼說呢？因為一般佛教的傳承都是有東西由上一代傳給下一代，例如傳袈裟、衣缽或教義等等。而所謂禪宗的傳承是眼睛看不到的，可以說不是傳承，但也是傳承，這是真正的傳承，就是「心」的傳承。

就像現在的影印機一樣，影印出來的複製品就跟原稿一樣。但是最重要的是，一個傳承的人，他是一位修行證道者，在他的身心裡面，一定是沒有眾生，也就是沒有地獄。所謂「眾生」就是我們的器官，它是有生命的，就像我們的心、肝、脾、肺、腎，甚至於大腸、小腸、胃、膽這些都是眾生，所以我們隨時都要吃魚、吃肉、吃蔬菜供養我們的色身，而吃下去的食物就會變成了我們的身體、我們的肌肉、我們的細胞。等到有一天，當我們往生的時候，會發現我們身上的這些肉，又會變成蟲跑出來，吃掉了肉身的肉，所以在還沒有三身成就的時候，身體還是有眾生的。

而得道的聖人體內已經沒有眾生，祂可以不用再吃東西，當祂往生的時候，身體還是好好的，因為只有身體有眾生才需要吃東西來供養它們，而所謂的「地獄」就是痛苦，包括身體的疾病、精神的壓力和苦惱等，不斷折磨著身心。像非洲的大饑荒、中東的戰爭，還有監獄，就是「人間地獄」，你還能說「不相信有天堂地獄」嗎？所以只有達到身心沒有眾生、沒有地獄這種境界的時候，才可以現成一個「法身」，也就是我們本來的真面目。

在基督教來說，就是發現永生不滅的「聖靈之光」，這是禪宗最高的修為。

修禪的利益

每次聽師父談到修禪的利益，實在是寫不完，好處太多了。我們可以談些禪對人體的好處，第一個利益就是可以改變我們的體質，經過修禪以後，我們的氣會自然的變化，會保持永遠年輕，永遠充滿活力，精神非常旺盛，可以提高工作效率。由於身體沒有毛病，可以在工作上、在家庭、在社會上盡我們的力量。

所以修禪可以把一個人的體質從生病改造成不生病，退化的細胞可以再生，如果能修到最高的境界，**還可以發現有一種綠色的光和紅色的光，配合起來就是「超生命之光」，這是一個原始生命的光，透過這個光可以讓生病的細胞再生，可以改變人的體質**。

修禪也可以改變自己的氣質，修禪的人是從心裡面去改變自己，一個人的言行決定於自己的思想，如果有正確的思想觀念，當然做起事來非常順利、非常如意。如果我們充滿了偏見，自然不會得到好結果。

舉個例子來說，早期在印心禪學會裡面有三位老師，每個禮拜都輪流到新竹少年監獄擔任榮譽教誨師，在那裡做輔導工作。聽說另外也有不少的榮譽教誨師在輔導的過程中都受到排斥，而我們的三位老師去了以後，說也奇怪，他們一點都不排斥。

當老師們播放「觀音靈感歌」和「自性歌」的時候，他們很自然的從心裡面掉出眼淚。那些原本經常鬧事、經常打架的少年犯們，居然表現得非常好、非常安靜，好像變了一個人似的。

這當中有些受刑人，後來有很多人都寫信來，要我們寄雜誌給他們看。另外，我們印心禪學會為了幫助一些現代家庭的父母，來教導他們嬌生慣養，又不聽父母的話的孩子們，師父就利用暑假一個月的時間，辦了一個兒童禪修班，來教導他們禪坐，每個禮拜一次，經過四次的調教之後，這些小朋友的父母都覺得他們變得非常好，也很聽話，這就是禪的力量。

禪可以從心裡改變個人的氣質，因為修禪以後，對於物質的慾望會減低。有些人在沒有修禪以前會抽菸、喝酒、打架，有不好的習性或經常應酬，這些習慣會很自然的停止、很自然的改變。

而這種改變並不是勉強自己去持戒才做到的，禪宗的禪就是不必講究持戒，因為清淨就是持戒，「清淨」就不會犯戒，所以修禪可以改變氣質，可以讓人從平凡提升到高貴聖潔。

修禪可以增加人際關係

修禪以後人緣會變得非常好。因為修禪後，身體沒有毛病，從早到晚心情都很愉快，充滿了法喜，以這樣好的心情去與人接觸，自然可以減少很多的糾紛，很多的對立，所以人際關係會非常好。

因為人緣好，做起事來也會更有勁，更能夠事半功倍。其次，修禪最大的利益，就是可以得到無上的智慧，無形中這智慧也可以用在我們的工作上、家庭上，乃至於社會、國家、還有全世界。

此外，修禪的人心量會非常的宏大，無量無邊，不會為了一點小事、一點名利或權慾來爭奪，任何事情都能夠處之泰然、淡泊名利，人生會過得非常充實，非常有意義。

總之，修禪的利益除了可以改變體質，可以改變氣質，可以增加人緣，可以增長智慧之外，還可以有一種超能力，這是一種不可思議的力量，只有修禪的人才可以領會。所謂「如人飲水，冷暖自知」，只有自己才能體會。「禪」不是「說」禪，不是「聽」，禪也不是「讀」禪和「看」禪，而是直接去感應，直接印心，到「心」的最深處，這就是修禪的利益。

再分享一些禪的境界。在這個世界上，我們眼睛所能看到的就是物質的世界，就像你能看到我，我能看到你，這些萬物萬象都是物質的世界。物質世界也是生理的世界，是屬五官的意識，例如用眼睛看、耳朵聽、動腦筋想，說反射回來的種種反應，還是屬於物質世界裡的反應。

但是禪的境界，是從物質的環境到精神的境界，再到心靈的世界。所謂「精神的境界」就是一個知識的境界。物質的世界是感性的，而精神的世界是理性的，修禪可以讓自己的境界從感性提升到理性。

當一個人感性的時候，會非常的固執與堅持，甚至無理取鬧，認為只有自己的意見才是對的，別人的都不對。而精神的境界是理性的，是知識的世界，也是屬於第七意識，就是我們的潛在意識。

經過我們的學習之後，經驗不斷地累積而獲得的專門知識或學識，可以用來擴充我們的精神領域，因為物質的生活對我們來說是不夠的，還需要提高我們的精神生活、精神領域、精神品質和精神境界。

所謂「心靈的境界」，就是超心理的，也就是禪宗的境界，是直接到人心，直接到本心，到最清淨的、最究竟的、也就是最原始的本有的生命——第八意識，又稱「阿賴耶識」，或稱作「光明藏」。第七意識是「末那識」，第八意識就是禪定的世界，這是個一心不亂的心靈世界。不管任何宗教，能夠修持到這個境界，就能夠把握自己的人生，把握大自然的脈動，不但可以改變自己，更可以改變宇宙，改變社會、國家，乃至整個世界。

因為修持到這個境界的人，會有預知的能力，以及有超時空的能力，同時他最瞭解，也最清楚物質的層次、知識的層次以及心靈的層次。心靈的世界就是「智慧」的境界，是至高無上的境界。心靈的境界在禪定中產生，是真如實相，是天地自然界的真理，能夠從物質的世界提升到精神的世界，再提升到心靈的境界，也就是從第六意識到第七意識，再到第八意識的光明清淨世界，從有相世界到離相世界，再到無相世界、實相世界，這就是禪的境界。

到達禪的境界的人是很完美的，是超凡入聖的聖人，是最高境界的先知先覺，這是很重要的。

所以，我們修禪要曉得修禪的意義，要曉得修禪的種類，並把握修禪的方向，這樣修禪才有意義。

第十講
禪師談禪的真面目

一般人常認為「靜坐」就是禪，這是因為無法真正瞭解何為「禪的境界」，因此師父想與大家分享什麼是「禪的真面目」。

禪就是宇宙的生命力、智慧力和超能力。什麼是宇宙的生命力呢？人們看一件事情，都是很主觀的，只是以自己所知道的知識來看這件事。但在經過禪修以後，他會改變這種觀念，當他的心量無限大時，他能具有整體的宇宙觀。而宇宙的萬物，都是起源於宇宙本體的生命力量。

師父舉個大家很熟悉的例子：太陽光的生命力量可以直接供應地球上的所有生物，如果沒有太陽光，這個地球將沒有生物。

禪是宇宙體的智慧力，如同太陽本身不需經過學習就具有這種天性，這是太陽原來就擁有的能量與智慧。一般植物皆有向陽性，太陽出來的時候，枝葉會朝著太陽去吸收陽光，而不需要經過學習階段，這是植物本有的天性，這就是禪的智慧。

禪也是宇宙體的超能力，以銀河系來說，地球、月亮、太陽三者之間有一定的軌道在運行。地心引力使得地球上的一切生物都能在此立足，不會被拋開，這是地球本身具有的超能力，地球上的所有生物都沒有這種力量；但是人經過禪修以後，就可以得到這種宇宙體的超能力，所以宇宙本來的真面目，就是宇宙整體內的生命力、智慧力、超能力，我們修禪能夠把握住這一點，體悟「禪的真面目」大概就八九不離十了。要如何來找到「禪的真面目」呢？我們在知道什麼是禪之後，可以從學術上、宗教上、禪學上來加以說明。

首先從學術上來說，造化心理的因素有家庭教育、學校教育、社會教育，以及客觀環境。因為現代人生活在很複雜、很競爭的社會環境裡，心理壓力會非常大，而這種壓力除了會影響到人體健康外，甚至會影響到整個社會、國家、世界。人要如何從內在心理的層面，使其健康而正常化，進而能從心理擴展到超心理，然後直接到心靈的境界呢？若以另外一個角度來看，這就是從意識到神識、到智慧。從學術上來說，當自己學禪以後，可以改變自己的知識領域，進而能超越它。其實，知識就是意識，一般人的意識活動範圍都是由五官的所見所聞、所感受的種種外境接觸，而感應到自己的意識裡，經過意識的作用後，再產生思想，然後才表現於行為。

一個沒有修禪的人，在意識上比較會固執己見，對事物的看法也比較會有成見，人與人之間就難免會有摩擦與糾紛。透過禪定的訓練，能夠使意識昇華到智慧，並通達到真理，大家就能產生共識。所以修禪可以改變人的思想、信仰與行為。如果人人都能這樣說、這樣看、這樣做的話，世界就不會有對立與摩擦，社會就會充滿了祥和的氣氛。

放下就是空。原來對某一件事物有成見的人，在禪修之後會放下成見，而「放下」就是心裡的「空」。沒有成見，才可以讓人與人的溝通暢通無阻，如果每個人都有自己的成見，那是很難做溝通的，例如說長官交代我們做事，也許他認為交給你去做很合適，但是如果你有意見而不說出來，只在心裡想：「這長官老是找我麻煩，總是找我做這麼麻煩的事。」那這件事一定做得不圓滿，而且心中還會覺得很彆扭；可是經過禪修以後，這種心理不但不會產生，更可以清淨意識，讓我們在待人處事上會比較客觀而沒有成見，心情也比較愉快。

如果一個人平常妄念很多，看到左右鄰居的生活都過得比自己好，社會地位也比自己高，好像樣樣都比自己強，不認輸的心理就產生了，有了這種不平衡的心理以後，為了要滿足慾望，就會拚命去追求物質上或金錢上的享受。

在好幾十年前，我們常會聽到有些太太們埋怨生活過得這麼清苦，要什麼沒什麼，又說自己的先生不如人家。久而久之，先生潛意識就會有一種想滿足太太的心理，或許他會去找一些超乎自己能力範圍以外的投機生意來做。原本這種想法與做法無可厚非，但是我們都知道，想在社會上出人頭地並不是一件簡單的事，更何況還是去做一些超出自己能力的事，結果不但自己所投資的錢收不回來，反而越陷越深，增加夫妻之間的紛爭，使得生活更苦。如果你懂得修禪的話，就可以看透這些道理，能夠量力而為的化解一切，這類的事件絕對不會發生，因為自己的意識非常清淨，明白什麼事該做，什麼事情不該做，因為盲目的去追求，總是會落得悲劇收場。這是從清淨意識的角度來說明。

接著師父更深一層地提到「潛在意識」。所謂的「潛在意識」，就是我們從知道事情開始，一直累積到現在，包括「七情」與「六意」（七情就是喜，怒、哀、樂、悲、恐、驚，六意就是眼、耳、鼻、舌、身、意）。從宗教方面來說，所有前身過去世所發生的種種事件與記憶，都會累積在「潛在意識」裡面，這個就叫「神識」，修禪就是要讓「神識」得到清淨，這就非得下點工夫不可了。

這是靠心裡面靜下來的一種參悟功夫，也是一種修身養性的功夫以及分析判斷事理的能力。我們的思想與行為，很容易被「潛在意識」、也就是「神識」，在有意無意間所左右而犯錯犯過，因此從「意識」的清淨到「神識」的清淨，唯有靠「禪」的力量。修禪以後，大家的心量會比較大，身體也會因此而氣脈通暢，在無形中得到健康，精神也會很愉快，對人對事都會有比較好的結果。基督徒每次在做禮拜的時候都要禱告，禱告的時候要把眼前一切的事情全部拋開，從心靈深處與他所信仰的「主」相應，藉此而得到心靈的寧靜。如果一個人能夠經常處在這種「心靈境界」的狀態，這個人的品格一定是非常高超、尊貴的。

從知識上來說，一般知識可以經由學校教育、社會教育，或是自己的研究及經驗來獲得。但我們還必須更進一步地「超越知識」，把知識變為智能才對，否則空有一大堆而不能用，反而會成為一種障礙。尤其在宗教方面，對某種經典研究得很透徹，往往會變成通達真理的一種障礙。為什麼會如此呢？照理說經典研究得這麼透徹，應該是事理圓融、通達真理才對，但是往往在紙上研究以後，反而沒有機會去做、去實驗，去實際證明他所知道的知識是不是就是真理。如果這個知識不是真理的話，相對的他就會有事情發生；如果這個知識是絕對的，那麼這個知識可以很輕易地轉變為智能，你可以去做很多的事情來證明這個智慧。

涅槃妙心

師父舉了一個例子，一般佛教徒研究佛經，可以把每一部佛經講得頭頭是道，但實際上卻很難真正明瞭其中的真實義，都是一知半解，好比說「涅槃妙心」，什麼是「涅槃」？什麼是「妙心」？他並不真正了解，只知道「涅槃」是指生命的結束，像是釋迦牟尼佛往生即為「涅槃」，或是指一位修行人、法師壽終之後的代名詞，但其實「涅槃」真正的意義是說，生命是無生無滅的，而生命的超生才是「涅槃」，靈性的歸處就是「妙心」。一個人除了有色身的肉體之外，還有心靈。肉體得到金剛身，才能在生命終結的時候不會壞、不會臭、不會爛，這才是「涅槃」。

而心靈證到了「法身」的境界，歸屬於淨土極樂世界，就稱為「妙心」。「涅槃妙心」就是佛的「應身」「法身」整個的成就，而佛的「應身」「法身」之成就合一時，就圓成一個「報身」的成就，「報身」成就可以永恆常住極樂世界，這才是「涅槃妙心」的真正道理。

因此，我們從知識到智能到智慧，都是逐步在提升，以人來說，從人性到靈性到佛性，也是提升。人性如果不提昇，會受到社會的汙染墮落下來，而成為獸性，獸性會偷、會搶、會殺人，會騙，會做壞事，造成現在的社會動盪，所以世界才會有戰亂。身為一位禪修者，我們有義務、有責任來提昇我們的人性最起碼不要墮入獸性，這樣世界才會和平，社會才不會混亂。

我們再從宗教性來談。基督教徒要去教會做禮拜，去學習、去聽道，聽牧師講基督教的教義，就是希望能夠將人的心跟耶穌的心相應，然後見到上帝其修行方式是由「人」到「耶穌」到「上帝」。而天主教也是同樣的從「人」開始，到「聖靈」到「聖母」。「人」在最清淨的時候，可以找到「聖靈」再找到「聖母」。而佛教是先從「人」找到「自性」，找到「法性」再找到「佛性」。

所有宗教的修行階段都是一樣的，只是說法不同而已，宗教只是方便來教化人類，讓人類的身心得到清淨，讓人類能夠排除一切妄念，能夠腳踏實地發出心靈的光芒，有了這種光，就不會作奸犯科，社會就能安寧。一般宗教都教人從「行善」開始，也有牧師、法師鼓勵人們用智慧去超越人生，過一個很圓滿、很美好的生活。不一定要有錢、有地位，一個平凡的人，照樣可以過著很圓滿的幸福生活，就看自己如何去做。有地位、有財富的人不一定可以過得很快樂、很美好，因此要想過得好，不在於物質，不在於財富，而在於智慧，要能夠知足常樂。

接著，師父從禪學方面來探討要如何尋找宇宙體的超生命力，要如何讓我們有限的生命再延長。如何讓生病的體質改善而獲得永遠的健康，如何將煩惱的心提昇到愉快的心，這些都是一個禪修者所要追求的目標。太陽的生命力量毫不保留地、非常公平地照顧普照在整個地球上，讓生物都能得到生命的能源，如果沒有這些生命能源，就沒有生物，我們也沒有菜、魚、肉可以吃。這些菜、魚肉是直接從陽光、水、地裡面得到生長的養分和能量，我們吃了它以後，能量間接地又被我們吸收來維持生命。但因為這些生物的生命有限，等於吃了他們的我們，生命也是有限的。

除非你能直接取得太陽的生命力或者能量，而不用經過食物來轉換能量維持生命，否則不能得到真正超生命的力量，這是修禪的人要具備的智慧。要得到真正的超生命力，首先要改變身體的結構，如同我們要看國外的電視節目，就必須具備一些電器設備一樣。以前是靠嘴巴來吃東西，間接地吸收太陽能量，現在要直接收太陽生命的能量（最近師父傳太陽百歲禪，要我們都健康活到一百歲），就要改變體內的結構。

改變身體結構的第一道課程就是「呼吸」，人是靠呼吸才能維持生命，呼吸從淺呼吸到深呼吸，大多數的人都是用「肺」呼吸，氣吸進來到肺部又出去了，所以生命很短。如果要延長生命，就要把氣深呼吸到腹部，這是第一步。

第二步，直接從腹部開始呼吸。我們除了用鼻子呼吸以外，還可以用腹部來呼吸，禪坐時就是用這種方式來呼吸。如果在打坐的時候會覺得很喘，就要調節呼吸，要把氣調到很細長、很均勻，就不會喘了，調節呼吸最好的方法就是用腹部呼吸。慢慢地從深呼吸到腹部呼吸，再更進一步就可以轉變為「神息」（心臟到腎之間的呼吸），入禪定的時候就是用這種呼吸。

「神息」不像一般肺部呼吸法會消耗掉很多的細胞，反而可以減少很多細胞壞死，所以是一個很好的呼吸法。但因為這種呼吸不能在短時間內學好，所以平時要勤快的練習，像在辦公室、或在公車上，都可以利用時間來練習，吸氣的時候肚子要漲出來，吐氣的時候要把腹部縮回去，多練習幾次，有一天你就會非常純熟自然，甚至腹部不用收縮，照樣可以用腹部呼吸。等學會腹部呼吸以後，再來練習神息，那就更微妙了。

我們改變呼吸方式，讓呼吸不要妨礙我們直接取得太陽能量，有時候人在練功入定的時候，會因為呼吸的方法不對而坐不下去，所以在能夠直接取得太陽能量之前，這呼吸法要學得非常好、非常妙才行。

接著再改變自己氣脈的運轉，人的壽命要延長，除了呼吸以外，另一個重要因素就是血液。血液供給身體各器官的養料，如果能保持氣血運轉通暢的話，血管就不會硬化，心臟瓣膜也不會出毛病。還有任脈和督脈，督脈從「無明輪」開始直接到「智慧輪」，「智慧輪」就是小腦與大腦之間的松果體，這是生理學的名稱，一般沒有修禪和下過工夫的人，這個地方是不通的，因為不通，所以壽命很有限，無法直接接收太陽的能量，打通了以後，氣脈才會運轉暢通。大多數人的「智慧輪」都是被一些油性的物質體蓋住、黏住，所以道家練功要用很多的方法來打通任督二脈。

打通「智慧輪」的方法可以用「九轉玄功」的風、水、火三路運轉來衝破，讓這些油脂氣化，氣化了以後脈就通了，就像摩托車的火星塞，如果被灰塵阻塞，就沒有辦法發動的道理是一樣的。但是如果沒有好的老師來指導練功的話，也是很難的。要打通任督二脈，除了學習「九轉玄功」，另一個方法是讓有這樣超能力的人直接幫你打通。打通之後會感覺大小腦交接的部位漲得很厲害，此時你可以接到一種壓力，或者是接到超能力的加持力量，這種力量進來以後，經過不斷地練習，就能夠納氣、運氣，可以從一般呼吸的元氣轉換成真氣。慢慢地，你就會運用這股生命的力量。

我很感恩師父幫我打通了任督二脈，還有開了佛門，讓我有這樣的福氣可以直接接收太陽能量，讓我看起來也比實際的年齡年輕、健康，感恩師父的造化之恩。

從元氣轉換為真氣以後，內臟器官所有的毛病都可以恢復健康，不論你是什麼病，都可以將這個真氣用歸納和濃縮的方法來廣泛使用，因為這個歸納的氣已經有生命的力量，可以導引到不健康的器官上，當不健康的器官得到了真氣以後，慢慢地會恢復彈性。譬如肝硬化就是肝的表面纖維化了，我們讓它得到真氣的滋潤，就會慢慢軟化，生病的肝臟自然就會恢復健康了。因此，只要任督二脈打通了，得到了真氣，並且會運用它去補充身體各個器官的需要，就可以不用再藉著藥物來控制病情。

不論中藥或西藥，化成水以後都是一樣，在這種從植物、礦物、動物裡面得來的藥裡面，也不過是一種氣、一種質，它的功效是有限的，並且可能還會有副作用。

真正的藥就是生命的能量，要取得真正的藥，就要從我們脊椎的骨髓來會合太陽的光能，當它們融會、融圓以後，就可以無限量地用它了。當然，要達到這個階段需要較長的時間，同時必須要經由老師確定指導才行。

在真氣之上還有更高的層次，師父在「第一屆國際氣功大會」上發表的論文，就曾經提到從「真氣功」到「靈光氣功」，這是一種「氣」的變化，源於我們的修行修煉以及智慧的提升，經由氣的轉換，可以突破身體物質的層面。

人體是一個靜電體，從靜電體裡面會合靜電，可以讓電能加強，電能加強以後，真氣就會變成「靈氣」，靈氣是從「骨髓」裡面產生的。只要骨髓跟太陽的光能圓融在一起，即可得到真正的正藥，成為一個有新生命的生命力。有人問師父「這種真氣可不可以治病？」可以的，一般所講的「靈療」，就是用靈氣來治療身體的病，你可以治療自己，也可以治療別人。

為什麼這種靈氣可以治病？因為靈氣本身可以排除壞死的細胞，大多數的人生病以後，這些壞死的細胞沒有辦法排出體外，所以越累病就越重。靈氣可以清除它，讓它氣化排出體外後，再增強這個器官的功能，直到完全恢復功能，病就好了。

我們得到靈氣以後，可以接到大自然界的能源，一種外界的靜電。那麼如何能夠證明這個外界靜電的存在呢？下雨打雷就有很強的雷電，如果我們的靈氣能接到這個天電，就會產生靈電，所以「靈電氣功」的「靈電」要比「靈氣」更強，發射的範圍也更廣更遠。「靈電」再往上提升就是「靈光」。這是從修禪與科學方面來說明，從「氣」到「電」到「光」的一種「禪」的演變，一種修行到究竟的方法。

到「光」的境界就相當高了，如果一個人能夠修行到「光」的程度，因為他擁有這種超能力、超靈力、超智慧、超生命力，以及宇宙的超生命之光，所以不論他談學術、談科學，還是談宗教，都一樣可以達到最高的境界。我們經常聽到明師、大師給佛菩薩「開光」，就是將這種宇宙的生命之光通達到不具有生命的物質（例如佛像、照片……等），它就有了生命。

從另一方面來說，我們可以看到一個人或一個修行人有沒有「光」，並觀察他的光是清淨的、還是黑暗的，可以用來判斷他最近的運勢好不好。當人在倒楣的時候，根本沒有光，而且是充滿了黑氣，整個人都被黑氣罩住，當然會倒楣。有光亮的話，就表示他的心境非常的寧靜清淨，這一點對禪修的人來說是非常重要的，經營企業者在聘請人才的時候，也可以做為參考的依據。

人長得好不好看還是其次，看看有沒有光就可以知道這個人是不是清淨。有光的話，他做事一定會做得很好，相反的，沒有光的話，他照顧自己都來不及，哪有心情去做事。所以修禪真好，禪的力量可以實際應用在生活各方面。

要如何吸收大自然的能源或是吸收太陽能呢？這又進入更深一層的禪修了，師父先舉一個例子，如大腦的第三腦室（又稱作「禪心輪」），我們可以藉這個地方去吸收，在吸收以前先要練習，讓它能儲藏光能，如此你才能吸收。所謂「無為的」，就是不假思索即自然的會用這個能量、這個生命力。譬如說肝不好，就可以把這種生命之光應用到肝臟，根本不需要費腦筋，它自己會自動補充，這就是無為的。等到「禪心輪」能夠接受能量的時候，修禪就很有意思了。

假日的時候到了郊外，可以找一個比較清淨、有靈氣的地方。怎樣的環境才是比較有靈氣呢？有靈氣的地方一定有水。有水的山才有生命，而且水要非常的乾淨，最好清澈見底，然後再查看河流裡面或水旁邊有沒有大石頭，石頭上如果有長生物，如青苔類，就表示有靈氣，如果是光溜溜的石頭，就沒有靈氣，或是看看樹木的樹幹粗不粗？它的生命力強不強？枝葉茂不茂盛？可以藉著這些來判斷。

一棵有靈氣的樹木，它的葉子外面都會有光芒，你可以站著或坐著去吸它的靈氣，從葉的枝，到樹幹，到樹根，這樣吸進來以後，會覺得整個身體非常的清涼，這種感覺很舒服。如果你吸進來沒有感覺，就表示你沒有吸到，那麼你的心可以再集中一些，精神在同一點，然後再來吸取，慢慢地就可以吸取到了。山裡的泉水不論大小，只要有水，就表示有生命力，你一樣可以吸它，可以用「無始輪」吸它，或者用「禪心輪」也可以，照樣可以吸到。

如果你沒有時間到郊外，那麼到街上的水果攤也可以，試試看能不能感受到那個水果的味道，人家用嘴巴吃，你可以用「法眼輪」、用「禪心輪」、用「智慧輪」，用任何一個脈輪去吸它。等到身體練到有大磁場的程度，只要一動念，要什麼就可以有什麼，很快就得到了，如果你還沒有到這個境界，就要費很大的工夫才能吸到，這就是「超生命力」。

這還不是最高的境界，得到超生命力以後，還要想辦法將它提升為「超生命之光」，這個就很寶貝了，這時自己可以把握自己的生命，想活兩百歲就活兩百歲，活得不耐煩了，兩百歲想走就走了，身體也不會臭、不會爛。

是不是真的可以到這樣的境界，就要靠自己禪修的時候一一來證明了。好比洗腎的人是因為腎臟功能不好，已經到了洗腎的階段，那是接近末期了，大家不妨試試看，以自己修行的能量加諸於對方，看看他會不會好。因為生命的能量是真氣，是靈氣，是靈光，而且還是宇宙生命之光。

平常如果什麼地方痠痛和肚子痛，表示這個地方的氣不通暢，滯留在那裡，所以才會痛，只要讓氣通了就不會再痛，氣打通了以後，病也好了，所以用途很廣，這就是生命力。

但是練到「生命力」的這個階段要下苦功，要從「打坐」開始，從「元氣」、「真氣」到「光」，最後自然會出來一個頭光、一個背光、一個身光到整個光身。

再從宇宙體的超智慧力來講，我們可以看看宇宙之間有哪些超智慧的力量，師父舉個很簡單的例子，像剛出生的小嬰兒，他在肚子餓的時候會哭叫、會想吃，這就是本有的智慧，長大以後，他也會有喜怒哀樂，這些沒有人教他，自然就會。像剛才講的，一棵樹木它自然懂得去接收大自然的力量、大自然的光、太陽的光，這就是自然的智慧。

所以經由修行以後，禪的智慧會在有意無意中顯現在日常生活當中，不需要經過思考。很明顯的一個例子，就是第六感。第六感就是智慧，我們很多人都有第六感的經驗，常常碰到不能解決的事情，忽然間靈機一動，就想通了。

沒有修禪的人比較少有第六感，修禪以後會經常有這種神來的感應，把這種超智慧運用在工作上、事業上，或各方面的管理上，生活就會更加地充實。

禪的超能力

要得到超能力之前，當然必須具備前面兩個條件：一個是身體的條件，能夠得到大自然的能量，甚至是生命之光，再來就是要得到智慧。

擁有了這兩者，便具足了超能力的本能。這個超能力，小則可以用在自己或親戚朋友的身上，大的可以改變四季的變化。譬如最近幾天缺水，各地都鬧乾旱，你具有這種超能力的話，便可以用超能力的力量，將日月星辰相互間的關係做一個調整與改變，水是代表月亮，改變月亮的變化，就可以令它下雨。

這種超能力不但可以變化天氣，甚至還可以變化整個世界局勢。幾十年前，有許多國家都在研究超靈力，希望借用這種超靈力來控制敵國，或者轉變敵國領袖的想法和做法。

大陸就有栽培一些神童，但是我們國家目前還沒有這種超靈力的培育計劃，如果有這種超靈力的培育機構，將來對社會對國家會有相當貢獻的。

在得到這種超能力後，再配合自己的超智慧力之後，就能夠先知先覺，可以知道很多還沒有發生的事情，以及事情將會如何演變，還可以曉得自己國家的局勢及未來的走向。

未來的三、五年，海峽兩岸統一的主導權掌握在我們的手上，我們要好好把握，因此只要一有機會，師父就跟政府官員們提起要好好把握這個主導權，如果現在沒有把握住，那三五年後就會變成被動，受制於人，不再有談判的籌碼，我們現在有很好的條件，再配合我們的智慧，應該可以扭轉乾坤，好好為下一代建立一個和平、安和、樂利的國家，讓後代子孫過著幸福美滿的生活，不再遭受戰爭與國土分割的災難了（編者按：這是一九九一年四月二十六日，悟覺妙天禪師開示，時至今日二〇一九年十月，很多事實顯示，禪師的所言是如此）。

最後，如何靠禪修來得到這種超生命之光、超智慧之光、超能力之光呢？這些都是禪的境界，開始時，先學習禪定的姿勢，經過單盤、雙盤一定的坐姿，來訓練我們精神統一的力量，因為這股精神力量可以支配物質，並化解物質和心理的障礙。

要達到精神統一的力量，先要調整自己：把坐姿坐好，背要自然挺直，兩肩要放鬆，手結禪定印，然後隨自己的呼吸把心定下來，不要有妄念，這樣坐了十分鐘以後，沒坐過的人會發覺兩腿開始痠、痛、痲，這時候就要訓練自己的意志力與耐力的「忍」字功夫，如此一次又一次的延長時間，到最後可以坐到一個鐘頭而感覺很輕鬆，這是最起碼的條件。

坐下來之後，心也要跟著定下來，如果坐下來妄念還特別多，就要想辦法突破。一般剛學禪坐的人都會有這種現象，要多下工夫，多禪坐，每天從保持半小時延長到一個小時，等到有一天，你一坐下來就能立刻進入禪定，表示你的心境隨時都很寧靜，雖然平時忙於很多的事情，身體在忙，心裡一點也不忙，經過這種訓練以後，你的精神忍耐的力量，可以在生活、工作上突破任何障礙。

入定以後，先看看自己的呼吸通不通暢，是不是用腹部呼吸，甚至是用神息，再看看體內每一個器官亮不亮。

早年師父在屏東禪室，有位女同修經過兩個月的禪定課程，在禪坐當中竟然看到自己的子宮有個黑塊，經過醫院的掃描檢查後，發現是子宮瘤，她的姊姊希望師父能開導並且幫助她，這就是在禪定當中可以感知到一般我們用肉眼、用耳朵無法得知真相的例子。

當一個人在最清淨的時候，可以看到人家看不到、聽到人家聽不到的事物。諸如此類的超能力，如果有緣能遇到具有超生命之光、超能力的人直接給你的話，那就更快了。

整個宇宙本體都是禪，而祂的真面目就是宇宙本體裡面超生命的能力、超智慧的能力，還有充滿在整個宇宙中的光。天上很多的星星都會放光，都有吸引力，這些光都擁有很大的能量，你能夠得到的話，一個平常的人可以變成超人，一個凡人可以變成聖人，一個有知識的人可以變成很有智慧的人，而後知後覺的人就能變成一位先知先覺的人。

禪的精神是自由、平等、和平，因為這是一個大宇宙的大家庭，它的本質是智慧、自由、自在。

第十一講

開悟解脫　徹底懺悔

修行之前應該知道哪些先決智慧？

第一個先決智慧，就是我們要有感恩的心。感恩很重要，所有人一生中都有許多必須感恩的人。

首先是我們的父母親，父母生下我們，從小養育我們、栽培我們，讓我們受教育。再來要感恩教導我們的師長們，因為有了他們的辛苦，我們才得到更多的知識、學識、做人做事的道理。

我們也要感恩一些眾生，因為有這些眾生的努力，我們今天才有衣服穿、有食物吃，有便利的交通工具供我們乘坐，讓我們的物質生活無缺，享受豐富的精神文化。懂得修行以後，也要感恩傳法的上師，祂讓很多修行人能夠解脫輪迴的痛苦，靈性解脫而永生佛國淨土。

修行人要成菩薩、成佛，最重要的是心存感恩，同時也要有懺悔的心。過去世、今世難免有過錯，希望大家都能夠徹底的懺悔。

這是修行作佛智慧之前，應該要知道並且要做到的第一要件。

緣生緣滅　珍惜生命

第二項先決智慧，是要懂得人來到這個人間的一切現象，你要抱持著不同於一般人的看法，那就是人與人之間的緣份有生滅。

我們來到人間，與父母親有親緣，與老師有師生的緣分。我們要了解緣生緣滅的道理，當緣份聚合的時候，我們會在一起，緣盡了就會分開。

我們與父母親、子女、師長，甚至是師父，都沒有永遠的相聚，不是對方離開我們，就是我們離開。

緣份生生滅滅，跟我們的身體一樣，跟我們生命一樣，人要了解這一點。了解之後呢？要珍惜我們現有生命的每一刻，要把握住每一個修行的機會，把握每一秒的修行時光。

了解死亡　三魂七魄

第三項先決智慧，就是了解死亡的過程。因為一般人不了解這點，所以才不懂得要修行。「談死亡」是很重要的，很多人害怕死亡，也不知道死亡到底是怎麼一回事，不知道死亡的經過是怎麼樣的。師父晚上入睡之前，因為隔天要談的三項「了解死亡的過程」，而躺在床上思索，參這件事，結果睡眠中做了超度亡者的夢。師父在夢中四處奔波超度亡魂，而且這些人都不是自然死亡，而是因為無常而亡故，所以師父非常疲累。

平常師父在超度的時候不會累，但在夢中超度會累。為什麼呢？夢中的世界就在意識界，因此，做了什麼夢，自己也會有那種感覺。

由於夢是意識的活動，如果意識的活動多，頭腦會疲勞，也會引起身體的疲勞。所以睡覺時最好不要做夢，一睡到天亮。

師父平時不曾做夢，因為參死亡，就作了這個夢。師父通常早上六點多起床，但那天早上，直到七點半還不想起來，醒了而不想起來，就因為做了這個夢，太累了。

人有三魂七魄，七魄就是眼耳鼻舌——兩個眼睛、兩隻耳朵、兩個鼻孔，還有嘴巴。七魄就是七孔，一旦七孔流血，人的生命就藥石罔效，無力回天了。

至於三魂，人的靈魂就是「靈性」、神魂就是「魄」、陰魂就是「魂」。證道的修行人不論，因其已經超脫。第一魂是我們的靈性。靈性因為被神識罩住，所以沒有光，沒有光的靈性就是靈魂。

第二個是神魂，講我們的心（精神體）、我們的神識，也就是「魄」。還有一個陰魂，在我們的無明脈輪，位於我們的仙骨，就是我們的色身，也就是「魂」。

做夢的時候，為什麼魂魄還會回來色身？因為魂與魄是陰與陽的關係，所以自然會找到地方回來。一個人如果沒有修行到相當境界，沒有進入到四聖位，就會三身分離，也就是人體與精神體、靈光體都是分離的。

若你修行成就了，三身都在一起，就會一起上至聖界。

安頓先人　首重風水

二〇一八年十一月三十日，前美國總統老布希仙逝了，享年九十四歲。一九九三年曾在聯合報或是中央日報的副刊上看到一篇故事，作者因為太久了記憶有些模糊了，但給我非常深刻的印象，文章寫到他一位朋友的小孩跟老布希總統的孫子是同班同學，而這個故事是從班上老師的口中再轉述給家長的。這個故事除了令人很感動之外，更加看到一個人的教養，也看到老布希總統的德行和人格的高度，難怪他不僅自己當了總統，連他的大兒子也當了總統。

一九九二年美國總統大選揭曉，老布希輸給了柯林頓。他的孫子當時就讀小學三年級。隔天學校裡，孩子在排隊領營養午餐的時候，導師突然聽到一個小孩在嘲笑他的孫子：「輸了，你爺爺輸了！」

老師看了很難過，正要阻止這小朋友，只見老布希的孫子一臉微笑，完全沒有生氣，也沒有低頭覺得丟臉，很平靜從容地說：「我爺爺說，相信柯林頓也會是一個好總統。」老師聽了很震撼也很感動，覺得小小年紀就能有如此過人的泱泱氣度，想必這個孩子的父母親平日教養一定非常好。

老師更相信，在老布希的家庭生活中，平常談論人事一定不是負面的攻擊、批評，而是正面與人為善的，無形中就形成一種德行淳厚的家風。

我們人生所面臨到的問題，無論是正面負面、好與壞，其實都是自己行為、言語、思想的活動所產生的，是在發生問題之前就種下的福報果實，所以說怎麼種就怎麼收。

小孩心性是最自然純真的，大人怎麼說話、怎麼做事，他就是從眾，看在眼裡，是大人的翻版，姑且不論他們父子倆有多大的才幹，單單從這一些言談就很令人感動，心胸是多麼的開闊。正如易經所說的「積善之家必有餘慶」。

公元前四七九年四月某一天，大徒弟子貢來見老師，這時孔子已經七十三歲了，他對子貢說：「我感覺自己快要不行了。」之後便領著弟子去選自己死後埋葬的墓地。孔子認為墓地風水很重要，直接關係到自己後代的興衰，他雖有病在身，仍不辭勞累，處處觀看，最後選在曲阜城北泗水之濱，沒幾天孔子仙逝之後，就葬在此地，弟子守孝三年。

之前孔子弟子中懂風水的，都想把孔子葬在陝西省咸陽原上，坐北朝南，南面是川流不息的渭水，北面是壯觀的九俊山，居高臨下威武壯觀，可以顯示封建帝王高高在上的尊嚴，無論在氣勢還是風水上都是極品，孔子的學生中很多都非常贊成，但是孔子大弟子子貢卻極力反對，他獨排眾議，認為這個風水不應該安葬老師，這是安葬皇帝的地方，老師比帝王還要更偉大得多，泰山曲阜就很不錯。由此看出中國人對這件事的重視和智慧。

什麼是風水，怎麼去理解？我們的生命是由科學已知的能量和元素所組合而成的，藉由父精母血的交配，再加上天地養育的食物，我們藉由母親的臍帶吸收到這些營養，但事實上還有一種看不見的無形的「場」，簡單的說就是構成萬物本源的東西，一種稱之為「氣」在支配著我們，它是能量之母體，它是極其細微的物質，它的影響力超越時空的限制、超越物質和非物質、生命和非生命，天地間的萬事萬物都在一個無量的大場中。

宇宙是一個整體，我們都是在這個整體中不可分離的一分子，又可以稱為天地靈場。它是一切造化的源頭，在「場」裡面可以形成各種能量，它具有波動和脈動的特性，所以也就是生命本質核心動力的本源，我們身上流著跟祖先同樣的血脈，所以祖先的魂魄會一直牽動著我們後代的子孫，這是一股看不到極其細微的能量磁場。

中國人是全世界最有智慧的民族，我們老祖宗很早就知道要把自己的父母祖先葬在最好的風水寶地，而且是要有氣場的龍穴，這樣後代就會出現好子孫。

風水和一個人的福德因緣有很大關係，要找到一個好的龍穴、好地方的風水不是沒有，而是要看福份、緣份，也就是看這家人做了什麼好事，積了什麼「德」。

古代的地理風水師幫一些員外、大官找好龍穴，首先要住在這戶人家觀察他們的品德、善行、教養，一住都好幾年甚至超過十年。觀察後再出去找，要一個個山頭找，如果這家人福德不足夠，就算是有好龍穴，進到山裡常常會遇到大風大雨或是整個山起大霧，這個地理師也會害怕迷路而迷失在山中，不敢再前進。

好龍穴在法界都會有護法神護持，不讓人隨便有機會接近並發現，如果同一個穴位在三到五年後再尋訪，當時若是晴空萬里山明水秀，他心裡自然明白這家人有德有福，是注定該擁有的。如果你的福德俱足，就能夠得到一般人得不到的福祿壽喜俱足的龍穴，也就是所謂的帝王穴，這要有多大的無相功德才能得到啊！

南宋范仲淹宰相他「先天下之憂而憂，後天下之樂而樂」的大胸懷，最為後人所津津樂道，他是一位樂善好施的良相，父子皆為宰相，但很多人不知道他也是一位易經高手和最懂風水的高人，也因為他本身善行福德俱足，所以也就能跟孔子一樣，得到天下最好的風水，子孫後代綿延至今都相當好。前幾年媒體還有報導范仲淹的不知道第幾代孫子，還是台大醫學院的榜首。

因此我們可以看出一個家族的德行、家風善行有多麼重要，老布希總統可能不懂風水，也姑且不論他父子做總統的能力才幹是否很好，但是我相信他的祖先一定有很好的善德，善德就是自己身上的好風水，也會為自己召感好的人事物靠近，更會有好的子孫來投胎，老布希總統父子兩代皆為總統，大自然中真的有一種不可思議的微妙力量，我們一直跟它共振著，只要您遵守它的遊戲規則，您就可以得到源源不斷的福報和幸福，我們何樂而不為呢！

清明為萬物回春，也是天地陽氣開始興盛的時節，中國人選此時節祭祖，除了懷念感恩祖先、看看祖墳是否完好之外，「也有希望後世子孫欣欣向榮的意涵」，研究風水命理有卅年經驗，也是中國易經研究基金會常務理事，亦是釋迦牟尼佛救世基金會總教授師楊松亮（覺妙宗明）在《禪天下》寫了很具深度的專文來說明。

靈性才是永恆不滅的

中國人是重視慎終追遠的民族，且有根深柢固的風水觀，但在佛教觀點中，對於祖墳風水良窳對後世子孫影響又有何看法呢？佛教由印度傳入中國，而傳統印度文化中並無風水的觀念，釋迦牟尼佛講求的是靈性教育。

在《父母恩重難報經》中提到一個故事：有一天，釋迦牟尼佛帶領眾弟子，往南方行走時，忽然看見路邊聚集枯骨一堆。釋迦牟尼佛就對著那些枯骨行大禮，以五體投地的方式，恭恭敬敬的頂禮膜拜。這時，弟子阿難尊者問佛陀說：「世上最尊貴的聖者！是由於什麼因緣，世尊您竟然頂禮膜拜這些枯骨呢？」

釋迦牟尼佛告訴阿難尊者說：「這一堆枯骨，也許是我前世祖先的骨骸，因為經過生生世世的輪迴，怎麼知道哪些曾是我的父親母親呢？由於這個緣故，我今天才對著它們頂禮膜拜。」

楊松亮解釋，這就是佛教思想中無量時空的觀念，佛教重視靈性的解脫，不說靈性以外的事，況且以永恆的宇宙觀來看，得好風水與否，經過數十寒暑最後仍歸於幻滅，「在這一世做皇帝也好、乞丐也罷，也不過幾十年就幻滅了，人間九十年，佛國九十秒，如夢幻泡影，只有靈性才是永恆的，修行解脫才最要緊。」他接著說：「風水雖有其科學根據，但仍是現象界的規則而已，與本體界確有相當的關係。」

中國人智慧的結晶

中國人為何會如此重視風水呢？

楊松亮說明：「儘管風水是現象世界的觀念，但是人的色身也處於現象界其中，出生時的富貴貧賤與格局大小，都決定於祖墳所處地氣能量好壞及地勢環境的良窳，中國古人的智慧發現了風水道理，所以特別重視風水，這是中國文化與其他世界文化不同的原因。」「宗教雖講求靈性解脫，和風水注重物質生命的品質卻無衝突，甚至可以相輔相成，因為冥冥中自有業力的安排作用！」

他舉例，例如有善業的將相王侯之家，僅管不懂風水，祖先隨便葬卻一樣也能得到好風水。還有外國人雖然不懂其中的道理，卻也知道安葬，正所謂「能知必能行，不知亦能行」的道理；又比如許多企業財團老闆，雖然有錢卻壞事做盡，僅管重金請來風水名師，卻不知所請的不是「明師」一樣得不到好的風水，因為天地之間自有其天理微妙的存在。

楊松亮解釋，人除了肉身之外還有三魂七魄，活著時「魂」需要淨化，「魄」需要能量的加強，就如我們常說鍛鍊體魄，「體」是肉體、「魄」則是骨骼血肉的能量。由物質的角度來看，魄的能量存在身體的「無始輪」，而魂的能量則在「無明輪」，人死後，魂魄的能量依然存在，而魄需要超度、魄則需要安頓。

風水也是一種業力學

所以中國人講究祖墳和陰宅的原因，是因為人往生後魄沒有安頓到一個天地靈能匯聚的地方，死者所剩餘的物質能量會和天地的能量結合，因為磁場和遺傳基因的關係，就會與後代子孫磁場相接通，影響子孫的休咎。

楊松亮進一步說明：「因為祖先的魄存在於骨骸，能量會藉由墳去接收地氣，地氣（陰）又會跟虛空能量（陽）相交感，天地能量就會因交感而散播到虛空，頻率相同的子孫就能接收到。」

若以佛教觀點來看，「魂」附著在我們的潛意識內，跟過去時空有關，也和祖先的業力有關，而「魄」則是自無始劫以來，自己無量前身所累積而來的業力。「說穿了，風水也是一種業力學，好壞都是過去生中所累積的因果，唯有透過禪修得到宇宙生命之光，才不會再幻化到現象世界來。」楊松亮說。

師父開示了我們，一般人亡故後，神魂被牽至陰間接受審判，受刑罰。至於陰魂，就留在骨頭中。因為先人與後代子孫血脈相連，互相感應，所以在過去，先人往生的時候，要找一塊很有靈氣的地埋葬，道理就在這裡。

由於政府鼓勵火葬，現在大多是火化，但陰魂也還會存在於骨灰之中。因為陰魂也是屬於一種精神體，火燒不死，水也淹不死。所以現在大多將先人骨灰送到靈骨塔安放。靈骨塔的土地一定要清淨，不要跟墳墓混在一起，而且要選在有山、有水、靈氣高的地方，祥光與靈氣交會之處。最重要的，還是要經過有法力、有道行的法師開光，那才有辦法真超度。

因為先人與後代子孫血脈相連，祖先靈灰安放於風水靈氣佳之處，對後代子孫也會比較好，最好是請師父去開過光的地方，那就是淨土。

若是先人沒有修行，由於陰魂安放於開過光的淨土，神識跟靈性也會受到好的影響，將來投胎或投胎以後，會受到淨土的影響，投生至一個好地方。

如果說，先人的神魂、靈魂都被真超度了，那麼他的陰魂也被超度了，這三魂會結合在一起，而且這個開過光的地方也會變成淨土，他可以自由來來去去。

修行往生　佛光接引

師父都會跟他的弟子談到一般人往生的過程，以及他的心識狀態。師父要我們讀了以後，晚上不要去參，避免作夢。

一個人亡故的原因很多，無論生病或其他外力，如車禍或者被傷害等。如果是正常的死亡，一個人要往生之前，吐出一股很長的氣，這是他的最後一口氣，下一口氣就接不上來了，因為心臟已經停止了。

原本身體底下的氣會往上到頭腦頂部，但因為心臟已經停止了，底下的氣上不去，就停留在心臟（明心脈輪），已經沒有了生命力，上面的意識（精神體、心識）就會慢慢降下來，來到心臟，大腦也隨著意識的消逝，而進入昏迷狀態。

雖然進入了昏迷，但還有意識與感覺在。此時，意識模糊的彌留者，會覺得自己的眼睛睜不開，手腳也都不能動了，發現身體很笨重，起不來了，還有一種很冷的感覺，非常的冷，但是他沒辦法表達。

此時，神經系統也已經麻痺了，發生不了作用，肉體跟精神體漸漸會分開，肉體的細胞會有一種好像要撕裂、崩裂了的感覺，非常難過。

最重要的是，此時人的意識，從六意識、七意識，也就是現在意識、原始意識（末那識、累世的意識）與靈性連在一起，也就是心識跟靈性連在了一起。

如果人往生之前沒有做功德，有造業，或者沒有修行的功德，也沒有作布施的功德，而又造業的話，當心識與靈性連結在一起的時候，意識已經沒有了，就會有一種幻象產生，等於在做夢一樣。

那是什麼樣的夢呢？他會看見惡行惡狀的惡鬼，或者是牛頭馬面，他就會很害怕。這時候他這個生命已經慢慢結束了，就這樣慢慢脫離身體，他的靈魂、神魂一起進入中陰身，就被帶到陰間去了。關於陰間怎麼去，情形又當如何，就先不再深談。

一位修行人如果有修行的功德，又有作布施的功德，又有做超度的功德，往生那一刻心識（神識）與靈性結合起來的時候，你是比較清淨的，你會跟師父相應。

跟隨師父修行的人、開過佛門的人，此時應該感到慶幸。你們不要小看佛門，當你的意識慢慢消逝時，因為你有修行的功德，慢慢地，靈魂與神識結合在一起的時候，你就會看到祥光。

這時你因為還跟師父相應，「光」會顯現出來，可能是菩薩的光或者是佛的光，你的中陰身就不會進到陰間去，並且馬上得度，隨著佛光、菩薩光上去。你也會看到師父，即不會受陰間的苦。

要記得，到了那個時候，當你緊張、緊急的時候，就想到師父，力量就會顯現，或者菩薩光顯現，還沒有進入到中陰身，就直接把你接走了，引你到淨土。師父為什麼經常講：「與師父同心同行，師父帶你們一起證道」，道理就在這裡。

由此可知，有修行或者有作功德、有超度的人，與沒有修行、沒有超度，也沒有做功德又造業的人，兩者之間有著什麼樣的差異，在往生的那個時候，即很清楚的比較出來了。

修行是多麼有福報的一件事。在人的這一生中，不要只想到自己這幾十年的事情，應該想到往生之後的去處，那才是我們真正應該要知道、應該要準備好的事情。人未必會八十、九十或一百歲才會往生，因為不一定，所以講「無常」。

人生無常　悟三法印

最後的第四項先決智慧，就是「無常」。師父講過佛教三法印：諸行無常，諸法無我，寂靜涅槃。每一個修行人都要了解三法印的意義。

一切有形有相的，包括人的壽命在內，都是無常的，人的生命結束，是沒有辦法預見的，無常到的時候就離開了，此生就結束了，所以說「諸行無常」，每一次無常到來的時候，就是世間因緣散的時候，所以要把握住每一個時刻、每一個生命。

無常來到的時候，在人間所有屬於自己的一切，都不再屬於你，所以說：「諸法無我」。我們人光溜溜地來到世間，到最後走的時候多穿幾件衣服，財富名利地位，什麼都帶不走。

所以一定要「寂靜涅槃」，在世時要修行正法而得到正果，到佛國淨土。這是在修行成就佛之前最重要的，每個人都必須要了解的智慧。

每個人都沒有死亡的經歷，此生已忘記，每個人都知道死亡的存在，亦確切知道自己終有一死。然而卻從來沒有曾經死過的人，回來告訴我們死後是何模樣，而瀕死的整個過程又如何。因此，人們對死亡幾乎是一無所知的，無知和不理解導致恐懼不安，無從理解更會導致莫大的恐懼。

最後的幻象其實也不是幻象，而是當時那個神識的境界，惡行惡狀的使者要帶你走，也不曉得帶去以後會是怎樣的惡果，那種可怕、那種驚惶失措，如果世間的人都能夠了解到往生時那種狀況，就不會再推說沒空禪修了，就連生病都要來修行。

大多數人都說沒有空修行，卻有空去生病、住院，就是因為不知道其中的利害關係。只要了解以後，有誰不想來修行？我們苦口婆心的說，人一定要修行、修行有多好，多數人會覺得「我現在過得很好啊，我為什麼要修行？我當人不是很好嗎？為什麼要作佛、作菩薩呢？」如此這般執著的人，真的太多了，真的非常的可惜，無法有智慧的去認識生命本質。

第十二講

生命的秘密

師父告訴了我們生命的意義，但祂最終最重要的是，告訴了我們什麼是「生命的秘密」。

有人說，「乾坤是一場戲，世界是一個舞台」。大千世界的形形色色，全體人類歡欣苦楚，均在此舞台顯現，是一場淋漓痛快的劇情，但李叔同大師說，他晚年活著是「悲欣交集」，一則悲傷佛法這麼好，卻這麼慢才認識它；另一則欣喜自己還能有福報來得及認識它。能認識佛法，這對見過開闊世面的優秀中國知識分子李叔同來說，是一件多麼殊勝不凡的幸會，一場晚來的造化，能夠得聞佛法，怎能不「悲欣交集」。

就如同武則天在開經偈上說的：「無上甚深微妙法，百千萬劫難遭遇，我今見聞得受持，願解如來真實義。」學佛的確是一生中最大的福報，但芸芸眾生能有幾人知道這個奧秘？

在學佛之前，沒有接觸到禪宗的「印心佛法」，我從小所能體會到的，就是父母老師所教導的儒家教養，對生命的了解及未知，就是孔子最廣為人知的一句話，「未知生，焉知死」，有人認為這充分顯示孔子的積極現世人生觀，有人則認為這流露出孔子迴避死亡的態度，不想多觸及。

我認為，如果一個人的智慧達到一定的高度和寬闊，祂看世間萬事的角度就不同於以往，身心範圍擴大至整個宇宙，將自己視為宇宙一份子，這就是法性的圓滿性智慧，即圓滿功德的智慧，這般若智慧，會讓我們不懼怕死亡，生死自在。

我也深刻的瞭解到，為什麼達摩祖師會東來中國，並把釋迦牟尼佛所傳下來的如此寶貴一世成佛解脫之道「禪宗的印心佛法」傳揚到中國，因為在中國儒家、道家、易經思想，早已經浸潤滋養中國這片大地成沃土，人民的人文素養已經準備好可以傳承世尊這個大法。

世尊密意　自性彌勒

佛成就的時候，講過在五十六億七千萬年之後，有一尊佛從兜率天降世在人間，就是彌勒佛。**而師父公開了佛的密意，所謂五十六億七千萬年，其實指的是人在禪定中突破了五官六意七識，進入第八意識的「光明藏」，就可以成佛，這尊彌勒佛，就是人自己的自性佛。**

而世尊所說的「二千五百年後末法一萬年」，並不是說要等上一萬年以後才有佛出世，而是指「萬德莊嚴」。從現在開始，末法又回到正法，又回復到過去世尊一樣的一千年正法，這樣才能夠實現「地球佛國，人人作佛」的願力。

所以，我們現在身處於台灣，就必須讓更多人成就，必須要有更多人修行。台灣有兩千三百萬人，地球還沒有成為地球佛國之前，必須讓台灣變成佛國，換句話說，天堂先搬到台灣來。那麼，台灣的居民不就都是佛了嗎？大家都住在佛國天堂。屆時，其他國家的人都會來到台灣禪修。如果來的人太多，我們就將正法傳播到其他地方，以方便人們禪修，淨化各地，全球人類。

我們也可以不講佛，無論當地信仰任何一種宗教，上帝、阿拉、天主、基督……什麼都好，只要你修行這個正法，修行自己的靈性，也就是自己本尊，化成十字光，人人都可以回到各自的天主、上帝、阿拉、基督那裡。

十字架是人間的東西，十字光是天堂的。不知有沒有人注意到，我們在晚上放眼望去，所看到的燈光都是十字形狀。修行正法，內在化成十字光，人人都可以回到佛國，回到天堂。

佛心政治　台灣佛國

師父說，如果台灣成為佛國，整個台灣佛光普照，多麼殊勝，此時，真正是美麗之島福爾摩沙，太美了。這會是空想嗎？不是。距離讓地球成為天堂，還有很長的一段路要走。

這需要政治面跟宗教面的全面配合。政治面要有很好的制度，能夠照顧到全民的好制度，政治人物要有佛心來治理，才可以把台灣先變成天堂，台灣就是佛國。

有福報、有財富地位、身體健康、有學養，就會住在好地方，這地方的人也一定高尚善良，因為是一樣有福報的人，能量相當，物以類聚，人以群分，什麼人就吸引什麼層次的人，欣賞的品味也一樣，但有一種人出生就高貴，一直就住在好地方，生活和樂，往來朋友也都善良、品格高尚、有智慧，那他晚年最後要移民去哪裡？

人生如此短暫，死了要去哪裡？他一定也想要移民到最好的地方，在人間，第一流的國家政府會設定移民條件，當然喜歡一流人物移民到自己國家，你夠資格來住在這個人間仙境，享受前人努力付出的建設嗎？當地人是好多代人出錢出力建設出來的成果，你一來了就想要坐享其成，是不可能的，當地政府一定會設定移民條件，不夠資格，一定無法來到一流地方住，因為福報不具足，也沒有貢獻這個地方的能力，沒有政府會歡迎你來，當地老百姓也會排斥你，「所以德要配位」。

想要更精進，突破命運中的陰陽氣，要移民到永恆的最好地方，就要了解禪宗一世成佛之法。我能從師父這裡知道了移民到最美好永生淨土的奧祕，就是自己人間福德因緣夠，過去生福報大，而今生「不但要自覺，也要覺他」，不但向聖人學習，更要將這奧秘分享給更多人。

移民最美的地方的條件，只要努力去做聖人教導的，人間命運很快就開始改變，一定會愈來愈好，身、心、靈上一定健康滿足，一生不用求人，生活、命運高貴，受人尊敬，生活富足。將來一定會移民到最美的淨土，住在最美麗的地方，有一群最高貴、最美的人和你相處一起。

在人世間，你看看自己生活環境，交往的朋友層次、人品氣質、生活條件、社經條件，大概就知道自己的福報在那裡了。

生命的秘密

許多人因為不了解生命，所以無法掌握自己的生命。在這個世界上不管是人，還是其他動物、植物，生命中一定有兩個要素，就是陰性和陽性——花的雄蕊和雌蕊，動物有公有母，人有男性和女性，就連大自然界的電子，也有陰電、陽電之分。

所謂「陰陽為之道，道生萬物」，如果沒有陰陽就沒有生命。我們今天活了幾十年，經歷過快樂、辛苦、悲傷、病痛、幸福等各種感受，卻不了解什麼是真正的生命秘密；如果能夠知道生命的秘密，就可以掌握生命。人的生命是經過一段過程才形成的，從受精卵開始，一個最小的生命，也就是胚胎，慢慢地生出腦、骨頭、肉體、內臟等構造，經過十個月的成長、變化，才出生成為一個完整的人，這是很不可思議的，而且在這個過程中，充滿了大自然的愛，這就是成長的過程，也是禪的過程。

成蛹羽化蝶　禪悅超生命

什麼是禪？有人說是靜慮或冥想，但這只是禪的表象，並沒有真正抓到禪的精神和禪的功能。它可以改變、甚至提升一個人的生命。比如地上爬的毛毛蟲，經過蛹的蛻變之後，會變成蝴蝶飛上天，這就是禪。又比如人，從一個小小的胚胎開始，經過十個月的成長，變成一個完整的人，出生以後再慢慢長大成人，這也是禪，如果大家能夠了解，就會知道「禪」的重要。

以人的生命來說，從嬰兒到長大成人、進入社會工作，都是禪的過程，禪可以改變生命、提升生命，並且蛻變成更優質的生命，包括生命體和精神體。人類的聰明才智經過禪的訓練後，也可以提升為最高的智慧，經常生病的身體，經過禪的訓練會變得健康不易生病，這些都是禪的變化。

人的生命很短暫，也都有最燦爛的時候，不過所謂的燦爛，一般人都習慣以財富衡量，這是因為人們不了解真正的生命。其實是修禪以後的變化，才是最燦爛的時候。

譬如放在講台上的花，是從野外摘回來以後，經過人為的裝飾，才插出這麼美麗的一盆花，讓我們感受到它的美好；如果這些花不是插在這裡，而是長在野外的土地上，就不能顯出這種美麗，所以這是它最燦爛的時候。

人也一樣，經過修禪以後，思想會改變，會發現世界並非只有我們和每天接觸的「人地事物」而已，還有另外一個更大的宇宙、大自然的生命體，和我們一起共存；換句話說，我們是生存在宇宙大自然裡的一個小分子，和天地之間都有關係。比方天氣的冷熱會改變我們對溫度的感覺，人與人之間的對話會讓我們產生愉快、討厭或生氣的心情，為什麼人會有這些情緒變化？因為人的身體裡面還有一個不同的生命。

人從生下來以後，便面臨生老病死的問題，該如何解決呢？兩千五百六十三年前釋迦牟尼佛誕生在印度，雖然他貴為太子，享受著幸福的生活，但祂有一天在宮外看到很多的老病死，就生出了慈悲心，他想為什麼人在世間會有老病死和許多生活上的痛苦呢？

於是他離開家，跑到山裡去求仙人，希望可以找到解決生老病死的方法。後來他找到了答案，他發現只要有生就有老病死，所以只要不生，就不會有老病死的問題。問題是如何才能不生？釋迦牟尼佛經過六年辛苦的禪修過程，見證到人還有一個聖靈存在。

這個聖靈來到人間以後，變成一般的靈性，而且在所有的生物中，只有人類才有靈性，其他動物沒有。釋迦牟尼佛發現了這個生命的可貴之處。人因為有靈性，所以有思想、能夠創造和發明。就因為人類不同於一般動物，所以能夠擁有人身是非常珍貴的，每個人都應該好好珍惜自己的生命。

人，到底有什麼秘密？一般認為，人除了身體，還有一個死後會出現的靈魂。大家不妨想想，這個靈魂是從哪裡來的？是不是當我們活著的時候，它就在我們身上？是的，人活在人間，就有靈魂，從父母生下我們，有了身體以後，就有靈魂。

此外，還有一個最珍貴的、從天上來的、從佛國、天堂來的聖靈。所謂靈魂，還有魂與魄，一般人分不清什麼是魂，什麼是魄。其實魂就像我們的身體，也就是肉體，這個肉體從哪裡來？是父母親給我們的，包裹遺傳基因，所以肉體就是魂。

在肉體之外還有一個最重要的精神體，人之所以會說話、會有記憶、會有一切活動，包括思想活動、行為活動、政治活動、經濟活動等，都是來自於「魄」，求學時期的學習，也是魄。

由此可知，人會做錯事的是魄，因為它的思想如果偏差了，行為也會偏差，便會做出一些違背社會秩序或法律規定的事。一個人是好是壞，關鍵就在魄，可見魄的重要。

魂魄同在一個身體，應該要彼此調和，但事實上卻並非如此。當一個人情緒化的時候，比方像生氣，在對他人生氣之前，已先對自己生氣，因為生氣會先傷害心臟，讓血液發生變化，產生毒素，然後流到全身，讓每個細胞都充滿毒素，於是身體就生病了。

所以真正懂得修禪的人，都可以妥善管理自己的EQ，做好情緒管理。祥和遠瞋恨，寬心增福壽。修禪以後，師父都會要求自己不要生氣，也要求祂的弟子如此。師父說，有一次選舉，祂在台北投票看到一位九十多歲的老太太，有人問妳年紀這麼大了，還這麼健康，是吃什麼養生的呢？她說很簡單，就是不要生氣，那就可以活到一百一十歲。

所以跟師父修行的人，祂第一個要求就是「不生氣」，如果每個人在家裡都能做到不生氣，夫妻就不會吵架，也不會鬧離婚，這是多麼美好的事。只要不生氣，就能讓家庭和樂幸福。這麼簡單的事，有多少人知道呢？恐怕大多數的人都不了解。

當一個人不生氣很快樂的時候，體內的細胞也是快樂的，如果每天都很歡喜快樂，身體當然會很健康，反之，如果每天愁眉苦臉，有很多不如意、不愉快，或是一天到晚責備自己不如人家，那就會人比人氣死人。

修禪以後會明白知足常樂的道理，覺得一切都很快樂。會了解生命的結構，「魂魄」就不會打架，因為只要魄不生氣，不會思想偏差、做錯事，魂就不會受苦。肉體（魂）每天要進食，才能提供身體營養，產生生命能，讓魄產生氣，也就是生命力。

有一天，當生命能不夠了，細胞就會慢慢減少、死亡，氣也會慢慢衰竭，最後斷氣，人就死了。但一般人都不知道，人死後的世界是什麼樣子。人除了魂魄以外，還有一個從天上來的靈性，也就是聖靈。

為什麼天上的聖靈會來到人間，和魂魄一起受苦，因為在浩瀚的宇宙中有一天突然發生巨變，就像道家說的，從無極化成太極，又從太極化成陰陽，產生天地；當時，宇宙發生大爆炸，很多聖靈就隨著這些烏煙瘴氣來到地球，所以基督教說「人有原罪」，指的就是這些烏煙瘴氣。這些聖靈飄落到地球以後，就到了人的身上，幸好沒有到動物身上，否則會更痛苦。這就是人的原罪。

師父告訴我們，魂魄來自於父母，父母又來自於祖父母，祖父母又來自於曾祖父母，依此類推，所以我們的魂魄，是來自於歷代祖先，一代一代地遺傳下來，直到我們這一代，當然我們也會再遺傳到下一代，這是大自然的定律。

不單是人，動物也一樣。人和動物最大的不同在哪裡呢？動物每天忙著覓食和交配，只有食慾和性慾，沒有思想，不像人類因為有天上來的聖靈，所以有思想。可是，雖然我們有靈性，但由於社會的變遷和時代的變化，本來靈性都是很清淨的，到了地球以後，就有了原罪，後來投胎到人間，又與現世的魂魄在一起，再加上父母和歷代祖先的遺傳基因，所以父母和祖先有什麼病，我們也會得到相同的病，只有經過禪的訓練、禪的修養，才能有所改變。

這就是生命的秘密，一個人的魂、魄和靈性，尤其靈性特別重要。靈性來自於宇宙天，將來可以回到天堂、佛國，而魂魄本來就住在地球上。可是，如果魂魄能與靈性成為一體，就有機會隨著聖靈一起到天堂、佛國，這是多麼珍貴的事！可惜很多人不了解，不知道抓緊機會，趕緊修行。

有些人說「人有來世」，許多宗教也說人有輪迴、有來世，其實人並沒有來世，師父的這種說法顛覆了一般人的認知。人們常說，今生夫妻恩愛，父母兒女感情融洽，希望下輩子還能再續前緣，繼續當夫妻、當一家人，其實這都是不可能的。

因為每個人都有自己的父母，都有屬於自己的魂魄，那要怎麼再去投胎呢？怎麼會有來世呢？不可能。所謂「轉世投胎」，只是一般人的想法，魂魄不可能轉世投胎，因為他沒有修過印心禪，不了解真正的生命，不能讓生命昇華、改變體質，不能把生病的體質昇華為不生病的體質，變得健康、年輕，也不能變化氣質，昇華為最高、最優秀的人格。如果能變化成這種佛國、天國的氣質，就會不一樣。

而這種轉變，必須經過禪的修為、禪的訓練，讓生命得到強化，當生命力強化以後，免疫力也會增強，自然就不會生病。許多人在得了癌症以後，身體日漸衰弱，最後死亡，為什麼？因為免疫力不足，如果來修禪，不但可以增強免疫力，還會每天很快樂，不會得憂鬱症，在感情上也不會因為受到壓迫而緊張、恐慌，當然也不會得到腫瘤或癌症。

許多癌症或腫瘤患者，都是因為「魄」的思想及行為不當，才導致身體發生激烈變化，所以情緒管理非常重要。人一旦生病，尤其許多重病，都是因為魂魄生了病，身體才會生病。如果是一般的感冒或風寒，只要吃藥就能很快痊癒，但癌症無法靠吃藥治療，因為這是靈魂生病了。

許多人在得知罹癌後，就像被判了死期，很緊張，以為自己活不到一年，或是兩三年內就會死亡，覺得很害怕，就是因為沒有修印心禪。修了印心禪，就不會怕死亡，因為我們知道回佛國、回天國的路，所以不害怕。我的母親就很想趕快回到天上佛國的家，因為她已經透過師父，修到、看到了回家的路。生死自在了，所以一點都不害怕死亡。

一般人罹癌後都很害怕死亡，像這種的應該要給他快樂的空間，不要讓他有恐懼死亡的壓迫感，最好家人和親友都能陪伴身邊，設法引導他快樂或是接引他來修行，讓他了解生命的真相，就會更清楚，人為什麼要修行。

聖光原同源　宗教本一家

世界上有很多不同的宗教，也都在修行，可是這些宗教經過人為的改變之後，往往都背離了原有的精神。本來任何宗教所講求的都是博愛，要愛護所有的人和眾生，可是現在許多宗教都偏離了這個精神。

人類信仰宗教的目的，是為了讓靈性回到佛國、天國，回到佛陀、上帝那裡。上帝與佛有何不同？也許基督教的朋友認為上帝是唯一的神，所以他們不拜任何偶像，但佛教的朋友並不反對拜佛。師父認為，東方人所信仰的佛，就是西方人的上帝，而西方人所信仰的上帝，就是東方人的佛。

當修行到最高境界時，就會發現原來上帝和佛都一樣，西方人說上帝是唯一的神，兩千五百六十三年前當佛誕生的時候，祂以左手指天、右手指地，說：「天上天下，唯我獨尊」，這是不是也代表佛是唯一的神呢？

由此可知，東方和西方說的都一樣，只是因為我們是人，所以就用人的意識來思維，以為上帝和人一樣，其實不然。上帝和佛一樣都是光體。我們內在的聖靈也是光體，但這光體不同於一般人間的光，它是實相的，是永生的，不像人的色身，頂多一百年就會死亡，所以這個光體非常重要。

師父經過八年很特別、很專心的禪修過程後，才見證到佛，見證到上帝。師父見證佛的那一天，祂正準備要禪定，在調整坐姿的時候，突然有一股很強大的電壓電流打在手掌心上，好像觸電一樣，師父正納悶著怎麼回事，還沒有回過神時，有一道很強大的金光快速的從頭頂進來，然後飛快地在體內環繞，好像在為師父洗淨色身一樣。

此時，師父發現身體不斷擴大，好像整個宇宙這麼大，等到一切都靜止後，師父看到自己的心臟也發出同樣的金光，與外面的金光合而為一，這時師父才明白，**原來佛教禪宗所說的「佛心傳心，佛心印心」，就是佛光的傳承**，同時師父也非常真實的感受到，這一尊佛、這一尊上帝，是實實在在存在的，不是空的。

與佛同證量　弘傳如來禪

師父曾經見證過佛，也有與佛同等的證量，在家居士為什麼不能說佛法？跟佛同時代的維摩詰居士也是在家居士，祂一樣說佛法，祂是金粟佛的應化身，再來的佛。

現在人世間有誰可以告訴世人，如何修一世成佛之法呢？沒有人講得出來，只會說「若以色見我，以音聲求我，是人行邪道，不能見如來」。而這句偈是從翻譯《金剛經》過來的經文，可是還是有很多人每天誦經、唸經、講經，其實修行應該要「行經」，也就是實踐經典的道理，因為修行是要改變身心靈，但用口誦經、念經、講經，只是意識上的改變，不是身心靈的改變，怎麼能夠見佛、成佛呢？當然不可能。

所以很多人才說佛是空的，因為不知道該如何成佛，如何把魂修成佛的「應化身」，把魄修成佛的「法身」，把靈性修成佛的「報身」，而成為三身成就的佛，永生在宇宙天的光電世界，也就是天主、佛陀的光明世界。

師父就是這樣見證過來的，所以可以告訴大家這些佛國、天國的訊息，要大家珍惜今生僅有的一世生命，趕緊找到讓自己生命體、精神體和靈性體放光的方法，而回到佛國、天國。

要讓魂發光，才能成就佛的應化生；讓魄發光，才能成就佛的法身，靈性才是真正的聖靈，才能成就佛的報身，這是多麼地重要。

可是，一般法師只懂得在佛經裡面求法，但佛經並沒有說得這麼清楚，也沒有說明生命誕生和死亡的過程。師父把「生命的秘密」告訴大家，在我們的身體裡有魂和魄，這是父母親給予我們的，等到胚胎在母體兩個多月後，開始有了心臟，此時靈性才在母親睡覺時的呼吸之間，進入胎兒的心臟，當我們死亡的時候，如果沒有修行成就，靈性也是從呼吸之間出去，此時人就斷氣了，生命也沒有了。

所以在人將死的時候，會發現「魄」的生命力已不像原來那麼旺盛，我們知道六根是指「眼、耳、鼻、舌、身、意」。其中的意，就是七魄，包裹兩個眼睛、兩個耳朵、兩個鼻孔和一個嘴巴，當人將死亡、生命力減弱的時候，眼睛會睜不開，耳朵也聽不見，神識開始模糊，認不出人，慢慢地魄就離開了身體，意識也跟著逐漸消失，就這樣慢慢死亡。

死亡後的魂魄會從哪裡離開人體？如果從禪心脈輪（頭頂）出去，最起碼可以到天界，可惜一般人不知道。所以當一個人有福報時，就會知道要從禪心出去，同時師父也會為有緣人清淨原罪，清淨身體的病，並幫大家開天門、佛門，將來就從這裡出去。

另外，師父還會幫大家打通任督二脈，任督二脈在哪裡？就在大腦和小腦的交接處。人的靈性在哪裡呢？佛經上並沒有說明，只說在我們身上，有人認為是在大

腦，可是當師父見證佛的時候，發現自己的本尊是從心臟放光出來，所以師父很肯定，我們的靈性就在心臟，這是師父的見證。而這也是師父要求大家「不能生氣」的原因，因為會打壓到祂。

既然我們已經知道靈性就在心臟裡面，那麼要如何修行，才能見到聖靈，見到聖光呢？就是讓「魂、魄、靈性」都上升到大腦的第三腦室，因為那是上天的平台。如何進入這個平台？首先要知道「魂、魄、靈性」在哪裡，我們知道靈性就在心臟裡面，但祂不是物質體的心臟，而是精神體的光。

魂在哪裡呢？在脊椎下方的仙骨，共八個洞，以左右陰陽一組排列，上下共四組，我們的魂就在這裡。魄在那裡？在前陰與後陰之間，當我們遇到危險時，祂會示警提醒我們，比方站在高樓往下看，它會癢癢的，告訴我們有危險，那個地方就是魄。

整個人體可分為「天、地、人」三個區塊，頭部的第三腦室可以通天，第三腦室在大腦中間，將來我們要透過修行，把「魂、魄、靈性」都提升到這裡，就不會下地獄，魄在人體的最下方，可以接地。在天地之間就是人。

修行禪法之後，更會把自己謙虛下來，總是覺得別人比自己強，自己在天地之間實在太渺小了。

這樣的一世成佛印心大法，相對的也得是有功德的人，才承受得起！所以修行是要靠緣分的，福報不夠也勉強不來。但作為禪宗入室弟子，師父告訴我們一定要盡自己的力量，去告訴他人，人世間有這麼好的成佛大法，不可入寶山而空手而回，那麼來這一趟人世間就白來了！下一次不知道能不能再來人世間，不知道有沒有這個緣分，再遇到禪宗佛心印大法了！因此作為一位禪宗弟子，有義務要把這麼美好的一世成佛的法，分享給大家。

我們修禪，就是要把「魂、魄、靈性」都提升到第三腦室，但很多人都不知道，以為只要念經、念佛、誦經、便是在修行，其實不然。禱告也一樣，並不能提升「魂、魄、靈性」到第三腦室，必須透過師父所傳的印心禪，才能做到。

這是歷代禪宗祖師所傳承下來的成佛之法，什麼是印心禪？師父傳的法不用記筆記，因為記筆記是用意識修行。我們修行是當下，當師父傳法的時候，不管是說話、用眼睛看，還是用手比劃，甚至只是在心裡動念，都有力量在裡面，而且不但是我有這些力量，只要是來跟師父學印心禪的人，一樣也有這些力量，可以得到超生命、超智慧、成為超人。也就是說，雖然你是人在地球、在人間，但事實上，你已經是天人、宇宙人。

共修印心法　地球化淨土

修禪以後會發現自己和以前不一樣，包括思想和個人特質，因為都昇華了。以前心裡想的只有我自己、我的家人、我的社會、自己的國家，很少會想到全人類。可是修禪以後，因為知道自己是宇宙的一份子，所以思維會變得更寬闊，想的都是全人類、全宇宙。

為什麼要接引更多人一起修行？為什麼佛經說修行人要「統領大眾」？這是很重要的觀念。當靈性從上面下來，和魂魄結合成一個「人」以後，如果魂魄不能跟隨一位證道上師或法師，修行可以成就的佛法或是可以到天國、佛國的法，就不能與天國、佛國相應，就不能回到天國佛國。

所以，所謂一次又一次的輪迴，不是魂魄的輪迴，不是「人」的輪迴，而是靈性。換句話說，是靈性一直在人間尋找可以讓祂成就的人。由於上帝和佛會派遣祂的天使來到人間傳福音、傳佛法，所以我們要接引更多人修行。

如果我們接引的人比我們更早成就，由於他是我們接引的，他也會讓我們一起成就，甚至還會幫助我們接引的其他人也一起成就，所以我們接引的人越多，成就的機會就越大，就像買彩券，買得越多，中獎的機會也越多。

就像一個十字架，這個「十」字的左右一橫，代表人間，上下一豎的上方代表天堂、佛國，下方代表地獄，而且比較長，象徵地獄很深。基督教說的比較簡單，只講天堂與地獄，因為「人」以下的法界都很痛苦，所以統一稱為地獄，佛教則講得比較清楚，分為「天、人、阿修羅、畜生、餓鬼、地獄」，也就是六凡。

師父說，基督教的上帝派祂最愛的愛子耶穌來到人間，為人類贖罪，結果被釘死在十字架上，三天後又復活。為什麼會復活呢？人都已經被釘死了，怎麼還會復活，不是的，是祂的靈性放光，得到聖光的加被，是聖靈得到聖光而到了天堂，見到上帝，所以祂復活了。其實不是只有耶穌背十字架，被釘在十字架上，我們每個人都背著十字架，脫不了身。

為什麼佛告訴我們，想要解脫，就要守戒、修禪定、修智慧？因為要修「戒、定、慧」，才不會被釘在十字架上。師父說，要把「魂、魄、靈性」都修上來，準備接聖靈之光、聖光，然後回到天堂、佛國，回到上帝、大佛那裡。所以，十字架不是戴著好看或好玩的，也不是代表自己的信仰，而是有其真正的意義，就像佛教的卍字是象徵萬德莊嚴一樣。

「魂、魄、靈性」都修成正果，成為「應化身、法身、報身」的時候，就萬德圓滿而莊嚴成佛了。所以都有其意義存在。有福的人就能夠聽到師父說的這些話，如果各位都能來修印心禪，就可以解脫自己的十字架而得到復活，這是多麼重要的事！

很多人都不知道自己身上背著十字架。當我們把手左右伸開，就會看到自己就是一個十字架。所以會有壓力，會感到緊張、恐懼、憂鬱，或是有很多的不平和憤怒，這些負面情緒就像烏雲，遮蔽了靈性本有的光芒。但修禪以後，就像見到陽光一樣，這些烏雲會一掃而空，讓靈性出現光芒。

所以師父說，人可以一世成佛，只要當下得到這個正法，就可以當下得到超生命、超智慧和超能力。師父告訴我們的這些都是「天機」，在佛經和聖經都看不到。雖說天機不可洩露，但這些都是智慧，都是智慧說，不是人說。師父也都不吝的告訴祂的弟子們及跟祂有緣的人，祂一直衷心希望大眾有緣能認識這個一世成佛大法。

透過禪修，可以增強生命力、開發生命能。那要怎麼做？如果修印心禪，就知道人有十脈輪，這十脈輪代表佛經說的十法界，從最底層的地獄開始，往上依次是餓鬼、畜生、阿修羅、人、天、聲聞、緣覺、菩薩、佛，前六者是六凡，後四者是四聖，通通都在我們的身體內。

所以將來我們是到地獄，還是天堂，完全由自己決定，當生命結束的那一天，看你的功過在哪裡，就往生到那個法界，沒有誰來審判，是自己審判自己。

人的生命能有哪些呢？師父以生理學的名詞來說明，人體的肚臍是一個氣海，充滿了氣，許多練功的人都要朝這裡拍打練氣，而我們也是在母胎中的這個地方，禪定了十個月才出生來到人間。在母胎時，我們憑藉著臍帶呼吸，維持生命，所以如果能夠打開肚臍這個門戶，就可以找到生命能。

如何打開呢？不是用意識，雖然佛經要我們打開肚臍的氣門，但祂並沒有教我們如何打開，師父說，首先要利用我們的精神，把精神集中，專注在一個定點，比方現在看桌上的一朵花，細細聞著它的清香，當集中精神很專注的看著它的時候，會發現它的氣跑出來了，甚至還可以看到它的光芒。

同樣地，我們把全部精神都專注在肚臍後方約一吋半的地方時，就可以開發出它的能量，也就是生命能，因為專注的時候，它會起變化。師父在台北有個弟子，她沒有讀過書，可是很聽話，師父要她把肚臍的開關打開，讓整個生命通達，哪怕是花再久的時間，都要打開，讓它的氣、它的能量出來，才會有效果。所以這個弟子花了六個月的時間，一直專注肚臍。

有一次禪定，她發現自己的肚臍爆開了，炸開以後，出現一朵蓮花，蓮花在佛教是代表清淨聖潔的意思。從那時候開始，雖然她沒有讀過書、不認識字，但她修得比任何人都好。

我的母親修學佛法十六年，是我接引母親學佛，她前年和我一起跟師父學習印心禪之後，心慈、美善清淨的她，很快幾個月就看到一朵粉紅色的蓮花，常常出現在她的面前，之後她就見到將來她要去的法界（佛國淨土），生死自在，從此不再害怕死亡。師父慈心幫我們超度了歷代祖先，一群眾佛菩薩到我們家放美麗的彩光，觀世音菩薩帶著母親坐上很快速的法船，像太空梭般的快，去到美麗的淨土。

我們所有的祖先點香、點燈要感謝師父，全都在我家呈現另一個法界現象。母親驚訝不已的告訴我這不可思議的境界，從此以後母親常常可以看到更多的實相世界，但她都是守口如瓶，不願隨便洩露天機。母親說佛國淨土是真實不虛，這是不能打妄語，所以我也要更努力，不能空手回天家！

精進十脈輪　氣脈化作光

生命能在我們體內有十個，就是十脈輪。開發這十脈輪不能求快，要一個一個來，雖然剛開始會有點慢，但一通百通，這個觀念很重要。有些人希望可以很快地學會十脈輪，雖然開發出氣，增加了生命力，但我們真正需要的不是氣，而是光，要讓十脈輪都放光。**就像當年釋迦牟尼佛，夜睹明星證道一樣，看到體內每個細胞都放光，像星星一樣要專注到這種程度，才能開發出生命能，這是我們最高的要求、最高的目的。**

修行要達到淨土，依我們目前身為「人」的狀態，如果不經過特定的禪定，內心深處的靈性就不能放光，當然也不可能回到淨土。

人體的十脈輪，代表十個淨土，也就是十朵蓮花。蓮花是聖潔的象徵，代表自性，也代表淨土。修行若要修到「身心靈性」清淨，必須透過這十脈輪，可見其重要。

所以不能求快，為什麼有些人學得快，有些人學得慢，因為心裡還有很多的不平和不自在，所以修行要修心，不是只有看佛經或聖經，修行如果不修心，是不行的。如何修行，一定要讓自己保持平常心，要心平氣和，不管遇到什麼事，都要以平常心面對。

可是很多人雖然知道這個道理，但一遇事就手忙腳亂，那就不是平常心了。如何才能平常心？要讓「心常平」那就「心常平」，那就會心平氣和，不會生氣，會很快樂，身體也會很健康。

專注名色脈輪很重要，名色脈輪就是臍輪，佛教的十二因緣有所謂的名色，就是胚胎所在的地方，表示生命體的形成，所以名色就是肚臍。要怎麼專注名色呢？

首先要練習專注，請把手放在胸前，眼睛專注掌心，同時也感覺自己的心，看看是不是有力量從掌心產生，或是感覺有氣在對流。此外，也可以透過「一指禪」來練習專注，伸出右手食指放在眼前，指甲朝右，然後集中精神，專注食指，看看有沒有氣升上來，或許有人會看到白光或其他顏色的光！然後再閉上眼睛，看看會有看到什麼，也許有人會看到黑影。

師父說，專注「一指禪」時，要睜眼專注食指，眼皮不要眨，就這樣直視指頭約幾十秒，同時與心相應，和自己的精神相應為一體，此時會看到很多氣或光芒產生，然後閉上眼睛。一般說來，當眼睛閉上後，應該什麼都看不到，但也可能會有不一樣的發現。據一代名伶梅蘭芳透露，他自小資質魯鈍，但他有個大優點就是吃苦，他自幼眼睛無神，為了讓眼睛變得傳神，他就經常讓眼睛專注朝一個點看，一練就是幾個小時，練到眼睛淌出眼淚還不停，這就是為什麼梅蘭芳能眼神顧盼生輝，終成一代名伶的原因。

這是初步的專注練習。練習專注的方法很多，在家練習時，可以先找一個目標作為專注的定點，可以用三色光作為定點，然後照著前面所教的方法練習，也許會看到不一樣的地方，因為師父已將講道的現場都開光了。

在我們體內有十個脈輪，除了位於肚臍的名色脈輪外，在「會陰」部位的是魄，它是通地的，可以接地的靈氣。要怎麼找到魄呢?可以觀想自己站在高樓往下看，或是稍微提肛，就會發現在男性前列腺的位置，有個地方會跳動，或是有氣產生，那就是魄的所在，這時請集中精神專注它。

然後從會陰上來，經過脊椎骨最末端的尾閭，那裡有一個很小的洞，一般人看不到，也感覺不到，我們就從這裡進去。在脊椎裡面有我們的精神體，不過現在還沒有，要等到修行以後，精神體才會顯現，靈力才會顯現，到時自己會知道，因為它會從脊椎骨上來，會感到有一股熱氣，或是有些人會覺得腰骨痠痠的，那個地方就是仙骨。

從仙骨再上來到小腦和大腦的交接處，也就是所謂打通「任督二脈」的地方，當這裡被打通以後，會覺得大腦有一股壓力，可以接到天的靈氣。一般人如果沒有打通，是感覺不到的，師父幫大家打通之後，大家會覺得頭上有氣，好像重重的，麻麻的，或是會跳動，感覺有力量進來。

我遇到師父之後，才知道什麼是真正的高人，什麼是真正的佛法。從來沒有人會如此傾囊相授別人這些奧秘，因為若是沒有修到一個證量境界，他只是這裡說一點、那裡說一點，而且往往是道聽塗說，絕對沒有佛的證量，是無法說得圓滿。師父謙虛為懷，從不浮誇，瓶子水滿是沒有聲音，是我們學習的對象。

師父請弟子們閉上了眼睛，從專注會陰開始，到仙骨，在脊椎骨裡面有空隙，氣就從這一節一節的脊椎骨上來，要用精神力去接觸它，就會有感覺。到頸椎的時候，也就是大小腦交接的地方，有一個松果體，它會麻麻的，也許會覺得頭暈，就專注在那裡，集中精神，不要移動。

我們再做一次，從最底下的會陰開始，用專注的力量到尾閭，從脊椎骨裡面一節一節地上來，到仙骨，再到頸椎，然後進入腦，它會有一股氣、一股力量進去，到腦中間的第三腦室，會覺得重重的，就專注在那個地方。

這個力量可能會有點壓迫感，但沒有關係，等到有一天，就會發現自己的生命力變強了。另外，心臟也是一個很重要的脈輪，因為裡面有我們的靈性，請專注自己的心窩，試著去感覺心臟的存在及它的跳動。要怎麼感覺呢？就是在吸氣和呼氣之間稍微停頓一下，看看有什麼感受，同時要專注它，才知道有沒有找到、有沒有產生生命能、生命力。

修行是為了恢復靈性的清淨，所以要先讓身心清淨，當身心清淨以後，福報自然就會來。因為身心清淨了，靈性就提升，當然福報會越來越多。

我們就是要讓靈性接到聖靈，讓自己真正地聖靈充滿，當聖靈充滿以後才能見到聖靈之光，見到上帝的光，見到佛的光，所以很重要。我們修行的目的，或是一般人追求宗教的目的，是要讓我們的心、就是靈性能夠放光，回到天堂、佛國，如果不能放光，就不能回去。

身淨心圓空　靈性現聖光

如何讓靈性放光呢？就是把「魂、魄、靈性」都昇華到第三腦室，也就是禪心脈輪，所以平時要多專注於禪心。師父現場在講的話，就在當下傳法，就有力量，讓大家可以感受到禪心的脈動。

我們修行十脈輪，可以讓心快樂，而且會心平氣和。如果全世界的人都能像我們一樣修行，怎麼還會有戰爭？這才是真正的和平。人類如果一味的追求宗教，帶來宗教戰爭；但如果追求靈性的超越、靈性的放光，世界就會和平，不需要制定法律。

修行要靠自己，不是靠唸佛或求佛來幫助自己，禱告除了要讓聖靈充滿，應該還要加上讓「靈性放光、讓魂魄放光」。所以大家只要再來繼續修行，師父傳的是十脈輪，不必改變原來修行方式（一方面往內修心的完美，一方面往外修言行舉止），讓自己像個修行人，就可以在這一世回到靈性的家。

師父說，如果你能看到這個三色光，就是天眼開了，當一個人心清淨的時候，就可以看到宇宙的實相。

師父對這場與會的來賓講話的時候，同時也幫大家打開天門，打開智慧脈輪，打開法眼，所以都可以看得見。要怎麼看呢？請先專注腦中心的第三腦室，也就是禪心，然後和眼睛一起看，就會看到三色光，中間的黃色部分跑出金光而且會轉動。

現場有些來賓，他看到這個三色光中間的綠色，像太陽往外在發射金光，黃色的外圍不斷有綠光在轉圈，紅色的部分也是在發光。看到黃光和紅光，分別會旋轉，而且特別光亮。

另外有一位來賓，他沒有看到什麼，只看到一個輪廓，就像一個滾動的輪子，因為現場光度不夠，不然可以看得更清楚。師父身邊的能量真的不一樣，我看到看到綠色外圍都是金光，而且一直圍繞，這是我以前在禪修會館看不到的。另外還有一位來賓，看到中間黃色的部分有金光在移動，光芒忽強忽暗，外圍則是橙色的光，但來賓在台下看得更清楚，也更明亮，中間黃色的球在旋轉，有好幾圈，外面紅色的部分變成金黃色，有時又變回紅色，裡面的綠光有時會出現，有點像是綠石，而且有個金色的球在中間旋轉，就是綠色旁邊有金色球在滾動，但它有時躲在綠色裡面。黃色變的不是黃色，而是紅色、金色、綠色分別在變化的感覺。

大家都可以看到這些光的變化，甚至閉上眼睛也看得到，因為師父已經開光了，所以不但閉著眼睛可以看到，而且變化更大，甚至會從旁邊跑出光來。師父相信坐在台下的來賓都可以看到。

由此可知，一個物質體經過師父開光以後，師父會把祂見證到的光，賦予在這個物質體上，讓它也擁有一樣的光，而且永遠不會消失。將來我們得到聖光以後，就可以永生於佛國、天國。

宇宙生命光　靈性本同源

在人間只能知道地球上的林林總總，但這個宇宙如此浩瀚，有太多、太大的世界，是我們不知道的，必須透過禪定，才能夠了解。比方淨土在哪裡呢？佛國淨土又在哪裡呢？一定要經過禪定才能到達。

修行要如何成佛呢？要先明心，要了解心裡還有靈性，所以我們要了解這顆心，要修這顆心，修慈悲、修愛心、修不要犯錯、不要造惡業。尤其現在的人心太壞、太惡劣，更需要接引來禪修。我們遠大目標是讓地球成為天堂，地球如果真的成為天堂，那麼生活在地球上的每個人就是菩薩、就是佛。而這樣的理想，要從每個人真正來修行開始。

當宇宙最初形成的時候，那原始的生命母光就是我們會看到的「紅、黃、綠」三色光。其實應該是「紅、金、綠」才對，這三色光是宇宙的母光，是禪的代表，禪的母光，我們每個人的靈性都是從這裡來的。

曾經有人問師父：「我們都是古佛，怎麼又會變成人？」師父答道，那是因為我們來到地球以後，生命分出去到各法界的時候，那個法界的身體把原有的靈光、原有的宇宙母光遮蔽了。簡單地說，就是被我們累世的習性和貪慾所障蔽，就像太陽被烏雲阻擋，看不到光芒，所以回不去，不知道家在哪裡。

如今我們擁有人身，這是非常有福報的，因為可以修行，可以聽聞正確的、能夠成就的佛法，讓我們回到原來的家，回到宇宙的母光。這種母光，當我們禪定的時候，就可以看到。修行一定要讓心放大光明，如果能夠修到心放大光明，或是修到身體放大光明，自然靈性的光芒就會顯露出來，因為已經沒有障礙，所以可以普照。

真正的修行要這樣修。修行要修到光，像上帝一樣，耶穌基督說：「我是光，我是道，到我這裡來，可以到天堂」。同樣地，佛也是光，也是道，如果相信佛，就來學佛，真正的實修實證，就可以真正的見證佛的境界。

修行是人生很重要的事，有些人不了解，認為它不是生活必需品，所以沒有必要修行，其實不然，修行雖然不是生活必需品，卻是生命的必需品，比生活更重要，生活可以過得簡單一點，但生命必需品是不能沒有的，所以一定要修行。

修行不是念佛，更不是拜拜，也不是念經，那是無法成就的。有人想唸佛，又不做好事，就希望佛菩薩在我們臨終的時候來接去淨土、去天堂，但如果我們在世都沒有接引人來學佛，或是人緣不好、惹人討厭，那在人間遇難都沒人願意來救，那菩薩又怎麼會在臨終的時候來度？所以最好是靠自己自度。

修行需要了解什麼是佛。真正的佛，不是像我們平常看到的佛像，當然，祂會依照眾生的想法，應化成畫像上的模樣，但真正的佛是會放光的，因為真正的佛是光身，是整個宇宙原始的生命母光。

第十三講
作佛的智慧

最有價值的人生，就是自己此生能夠修行成就菩薩、成就佛。因為你修成菩薩、佛，可以去普度眾生，讓更多的人成菩薩、成佛，讓流落在這個世間或者中陰身界的靈魂，都能夠知道成佛的方法。比方說，要讓中陰身界的靈魂能夠投胎到人間，而不要到人以下的法界，因為人界以下就不能得聞佛法，不能成佛。人有靈魂、靈性，人命終時靈性會離開色身，變成中陰身，有靈光的中陰身就會放光，超越了中陰身界，直接到佛菩薩界、到佛界。

所以，修行人自己要知道自己將來命終的時候，有沒有可能不進入中陰身的世界，而是整個放光直接成就菩薩、佛，直達菩薩界、佛界。要怎麼知道呢？那就是當你禪定的時候，一定要見到自己的身心清淨。身體清淨時，可以見到身體裡面所有的眾生都清淨，感覺上都是清涼的，甚至可以看到光，這是身體裡面的器官所產生的光芒，一般都是看到紅光或是白光，有時候彩光會顯到你的眼前。也就是說，禪定的時候，自己的法眼可以看到各種色彩的光。

我們修行一定要讓自己的身心放光，清淨的靈性本來就有光，當身心都放光的時候，可以同時看得見靈性的光。有的時候借助師父加持給我們的力量，在禪定中得到紅光、金光、綠光，或紫光等彩光，此時，要知道感恩。從內心裡感恩，自己內在清淨的靈光就會產生出來，會來跟師父加持給你的佛光相應，爾後你就跟師父一樣，也具備了這些光。你必須具備了這些光，才能夠成就，那麼你不一定要等到命終才會成就。若命終沒有成就，那就是沒有成就，要在命終之前成就，命終才是成就的，必須要知道這一點。

身光是生命之光，心光是智慧之光，如果你看不見生命之光、智慧之光，那當然也就看不見自己的靈性之光了。待你命終之時，就會先到中陰界，而不會直接上升佛界，一般修行人不了解這一點。你要去想，一直以自己現在的修行方法，能夠見到光嗎？

師父不只可以對物質體開光，也可以在大家的身上開光，而且師父開光的時候，不一定要比劃什麼手勢，比方有些人戴著手環，要師父幫忙開光，師父開光以後，它就有了力量，可以保護自己一生平安，因為這光是師父見證到的光。《宇宙聖靈之光》，這本書裡都是師父過去舉辦活動的照片，而且都拍到了光，其中有一張是師父為佛像開光，大家可以看到佛像身上有光，師父的頭上也有金光。只要大家跟著師父修行，就可以和師父一樣，在這一世回到靈性的家。

師父把這個「生命的秘密」用很簡單的方式告訴了大家。師父很遺憾這場講述只有二小時，來不及告訴大家如何產生生命能、如何讓生命力更強、如何讓自己更年輕、更長壽。師父今年八十六歲了，還是像年輕人一樣很有精神，站著講兩小時都不覺得累。

修行最起碼要讓自己凍齡，不會衰老，師父說：越年輕修行愈好，可以保持年輕細胞不會老化，而且很健康，可以掌握生命，甚至掌握命運，不用去算命，因為命運就在生命的過程中運行。

師父不但要帶給大家健康、長壽、年輕、美麗以外，最重要的就是，要告訴我們如何回到靈性的家，不要一直停留在人間。也希望大家能夠來修禪，師父將來會在韓國、新加坡、馬來西亞都設立道場，甚至希望大家將來得道以後，還可以到其他國家，普傳這個可以讓每個人靈性回到天國、佛國的方法，那麼我們這一生就沒有白來，會很有價值。

我非常感恩師父給了我一個不同於一般人的生命，是一個超越的生命，也希望在有生之年，跟更多有緣人分享這「生命的祕密」，讓每個人都能夠回到靈性的家，活著的時候豐豐富富，走的時候平平安安，充滿喜樂，一點都不害怕，沒白來這世間一趟，因為這才是最寶貴的，別入寶山，卻空手而走，並走去不好的法界，那就真是悲哀，人生很短暫，及時把握修行，這才是人生最重要的一件大事！

王陽明他曾經說到，如果我們只是一味地追求物質上的成功，卻疏於照看自己的心靈，那麼我們所獲得的成功，終究是不牢靠的，至少不完整的，因為衡量真正意義上的成功，除了外在的指標外，還需要一個內在的指標，那就是心靈的富足與強大。

簡而言之，成功不僅是物的累積，更需要「心的完善」。為什麼成功需要內在的指標呢？道理其實很簡單，人生是一場長跑，一時領先並不等於最後勝利。尤其在今天這個瞬息萬變的時代，陷阱經常打扮成機遇出現在你的面前，而成功與失敗往往只在反掌之間，所以我們身邊才會有那麼多顯赫一時的高官、富豪，在一夜之間身敗名裂、一無所有。

在王陽明的眼中，想要擁有一個真正成功的人生，想要在人生的長跑中，笑到最後，你就要「讓自己的修為，配得上自己的所得」，「讓自己的內在品質，配得上自己外在事功」，也就是中國老祖先常說的「德要配位」。究竟而言，土豪與貴族的差別，不只是教養的高低，更在於心靈的貧富。

第十四講

佛陀成佛正法與超生命禪

二〇一一年悟覺妙天禪師提出「地球佛國」的理念，並於二〇一一年十月一日正式成立財團法人釋迦牟尼佛救世基金會。禪師說，其實地球佛國在世尊住世時，就已經為人類建立了，並不是現在才說，只是兩千五百年來沒有人提出來。

禪師說，地球佛國是世尊為地球人類造化的淨土，只要是真心修行世尊真傳「佛心印心」正法的禪行者，當色身涅槃後，就能進入世尊造化的淨土「地球佛國」。

二〇一七年，禪師希望將此可以淨化人心、提升靈性的佛陀正法弘揚全世界，特別將台灣禪宗佛教會更名「聖光禪教會」。所謂聖光，就是基督教教義所記載的「聖靈之光」，目前西方國家多屬天主教、基督教範疇，禪師以聖光為名，目的就在進行世界弘法，與世界接軌，救度更多靈性。

禪師呼籲，人人皆有佛性，皆可成佛，所有地球上想要修行佛陀正法的有緣人，若能進入禪宗印心佛法的正法法門，得「佛心傳心，佛心印心」之後，依照「戒、定、慧、解脫」的內涵，深入靈性，並實踐六度波羅蜜，人人皆可往生地球佛國。

二〇一七年十月二十一日，我在台中國立中興大學惠蓀堂，聽到禪宗第八十五代宗師悟覺妙天禪師的「佛陀成佛正法與超生命禪」，這場演講改變了我的生命，也改變了我的命運。在此分享這場珍貴佈道大會的部分內容，這是一場無與倫比的超智慧演講：

釋迦牟尼佛在十多歲的時候，有一天離開皇宮，看到宮外的人民都穿得十分破爛，而且身形瘦弱，路旁有人生病，有人死亡，各種痛苦的慘狀深烙在祂的心中，回宮以後一直悶悶不樂。

祂心想：為什麼大家都是人，自己可以在宮裡過著舒服的生活，而宮外的人民卻過得那麼痛苦？這是什麼原因？有沒有辦法幫他們解決「生老病死」的問題呢？

這個問題一直困擾著祂，後來當祂二十四歲的時候，就離家了，離開這個被妥善照顧的生活，到森林去修行。

那時的印度還沒有佛法，所以當佛到森林的時候，只看到一些仙人在打坐，有的把腳掛在樹上倒吊著，有的用各種奇怪的姿勢折磨身體，看看裡面的靈性會不會出來。

佛就這樣修行了六年，在這六年中，祂得到身心的完全解脫、完全放下，但祂最想要的解決「生老病死」之法，卻始終沒有找到。於是祂離開森林，在河邊沐浴後，來到一棵菩提樹下禪定，同時發出大願：「如果沒有找到解決『生老病死』的方法，我就坐在這裡不起來，絕不離開。」

發了這個大宏願後，佛便坐在樹底下禪定。慢慢地，祂離開了「我、人、眾生、壽者」四相，也就是離開了地球的三度空間，進入另一個高度時空。

此時祂發現，原來有了「生」就會有「老、病、死」，所以只要「不生」，自然就沒有「老、病、死」。可是要如何「不生」呢？

真性了真佛　直入光明境

佛從禪定中發現，當靈性超越地球的三度空間，進入另一個世界後，就可以找到光明、快樂的世界。那是什麼世界？是實相的世界，沒有色身、只有光身的光體世界。

再看看我們現在所處的世界，是三度時空的地球世界，也就是現象界，所有在現象界有形有色的一切，都會生滅，都會死亡，像人在百年以後，色身就不見了，但一般人不了解，我們除了色身以外，還有更重要的生命秘密在身體裡面。

當佛在禪定中，找到如何永生與光明世界、極樂世界的方法後，他發現一切的痛苦和煩惱都不見了，只有一片光明，這就是經上說的「夜睹明星而證道」。

所以夜睹明星，並不是指天上的星星，因為禪定的時候閉著眼睛，不可能看到天上的星星。那佛是看到哪裡的星星呢？祂看到身體裡面所有細胞都在發光，像天上的星星一樣，這才是真正的佛法。

換句話說，修行人如果不能在生理上讓體內的細胞發光，在心理上不能讓靈性發光，就不能成就，因為世尊傳承的就是佛光。

當年，世尊在涅槃前一個月的靈山法會上，不說一語，只以大梵天王供養的金色蓮花示眾，現場一千兩百位弟子都不明所以，只有摩訶迦葉尊者破顏微笑；世尊知道迦葉尊者明白祂的意思，就把真傳傳給了迦葉尊者，這就是「佛心印心」。

到底佛傳的是什麼？什麼是「佛心印心」，就是佛的證量，也就是佛光；佛所傳的就是佛光。所以如果在修行上沒有見證佛光，就不可能「明心見性、見性成佛」。

就在佛看到迦葉尊者微笑的時候，祂說了一句話：「我有正法眼藏，涅槃妙心，實相無相，微妙法門，不立文字，教外別傳」。佛是以「傳佛心印」的方式，把佛心印，也就是佛光傳給迦葉尊者，這是禪宗的由來。

禪宗的傳承，只有「宗師」才有這個能量，這個證量，可以傳給祂的弟子，如今代代相傳，傳到悟覺妙天禪師是第八十五代。

「實相無相、微妙法門」，這種很微妙的佛心是實相、無相的，祂在實相界，所以看不見；祂是無相的，所以看不見。「不立文字、教外別傳」，祂不能用文字來敘述，是一種很特別的傳法，就像世尊一樣，「佛心傳心，佛心印心」，這是真正的、成佛的佛法。

從這裡可知，一般人所了解的佛法，以及他們所修的佛法，與真正的佛法相差十萬八千里，真正的佛法從二千五百年前到現在，第一個一千年因為修的是佛陀所傳的正法，所以有很多人成就。

到了第二個一千年，大家追求的是相法（表相），成佛的正法已經不見了，都在抄佛經。其實佛經是佛涅槃後百年到四百年間，經過四次討論、彙集而成；也就是說佛經是編寫的人聽他的師父所說的，他的師父又聽自己的師父所說的，這樣一代一代，根據他們師父口傳記錄下來的，變成今天的「經、律、論」。

所以，佛法為什麼後來變成相法？因為佛經出現以後，大家都去研究佛經，以為那就是佛法，就是法寶，卻忘了佛在傳法時說過，祂所傳的法是實相無相的微妙法，是「不立文字、教外別傳」，所以真正的佛法不在經書裡，而是在每個人的心裡，如果離心求佛，是求不到的，因為心外無佛。

反觀現在人所修行、所追求的，都是佛經的內容，台灣是唸佛，日本唸法（唸妙法蓮華經），其實看經是不會成就的，它只是一個入門的基礎和觀念罷了，所以不能花費一生這樣修行，不可能成佛。

真正的佛法不在經書，在哪裡？在禪定中。為什麼？因為佛是在三度空間以上的世界，並不在地球時空的現象界。可是唸佛是誰在唸？看經又是誰在看？是「人」，但是要成佛的不是外面這個「人」，而是裡面那尊「佛性」所謂的「自性」。所以我們要從禪定中超越地球時空，才能見佛。

看經、唸佛的方式只是幫助我們心靜，讓心能夠定，但不能成就；如果要成佛，一定要有般若智慧。真正的修行要怎麼修，就是要禪定，像世尊一樣。

什麼是般若智慧？就是通天的智慧、成佛的智慧，但佛經只是知識，是佛學，我們不能把佛學當成佛法來修行，那會落入意識形態，只有修表面，不能成就。

修行成就的是色身嗎？還是身體裡面的什麼要成就？我要成佛的「我」，又是指誰？值得大家深思。

所謂「我」一般認為是「身體的我」，而這個身體是父母給我們的，但很少有人真正懂得生命的真理，只知道人有三魂七魄和靈魂。

我們的色身，在父母親精卵結合、形成胚胎的時候，就是生命的開始，然後經過十個月在母親的肚子裡生化演變，最後才生出一個完美的人，這個過程就是「禪」。

由此可知，禪是有生命的，會在大自然的靜態中發生變化。因此我們在禪定的時候，就要抓住這個重點，讓自己進入靜態當中，才能在定中產生變化，生出力量。

人有三魂七魄，什麼是三魂？就是「靈性、魂、魄」，父母生下我們，在我們體內就有「魂」和「魄」，比方有人客死外地，習俗上都會找道士去引魂回家，可見「魂」不是死後才出現，當我們還健在的時候，魂魄就已經存在。又比如人之所以會生病，也是因為魂魄生病的緣故，可是很多人都不了解。

人的「魂、魄」存在於世間，也就是在地球上，是人間父母給我們的色身。而「靈性」就是一般修行人所說的，是真正的我。

父母給我們的身體，也就是「魂、魄」，魂魄只有這一世而已，沒有前世和來世。所以我們要把握這一世，如果這一世沒有成就，往生後就會變成孤魂野鬼，漂泊在虛空中，或是隨著因果業報，到「人」以下的法界。

人的身體會死亡、滅度，但魂魄是不死不滅的，人雖然死了，但魂魄還在，精神體還在，所以每年農曆七月鬼門關開的時候，都要拜好兄弟，就是拜這些魂魄。

所以修行，不是信仰哪個宗教，修行主要的目的是讓自己提升，讓有限的、普通的生命或智慧，經過禪的訓練、禪的修行，變成更完美、更優質的生命體，就像毛毛蟲變成蝴蝶或是胚胎變成人一樣，讓我在身體上更健康，不會生病，壽命延長，可以長生不老，在心理上也沒有像地獄般的痛苦和煩惱。

此外，可以清淨我們的原罪。上帝說每個人都有原罪，什麼是原罪？當父母生下我們，在我們身上就有父母的遺傳基因，包括祖先的業障和靈障。所以很多人覺得自己命運不好，再怎麼努力也賺不到錢，或是賺了錢也得不到，這就是受到命運的影響。一般來說命運的運轉十年一大運非常重要。

什麼是「超生命」？如果不能超越生命，就是原來的生命，也就是輪迴的生命，當年紀到了，該老就老，該病就病，該死亡就死亡。但修了超生命禪，就不會如此。

因為超生命禪可以開發人體內的生命，然後轉為生命力，佈滿全身，讓我們很有活力、很健康、不會生病。那要怎麼修超生命禪？

靈性無分別　離相諸形滅

我們修行的目的是要成佛，如果不想成佛，也要能夠到充滿佛光的世界，或是阿彌陀佛的世界、釋迦牟尼佛的世界、上帝的天堂等等，雖然名稱不同，但都是光明的世界，只是人間把它區分為「佛」和「上帝」。

其實「上帝」就是「佛」。佛就是上帝，等到修行見證到那個境界時就會發現原來都是同體；整個大宇宙生命力量的總和，就是一個生命體，有人稱祂為天父，有人則稱為聖母、或佛，都是同一尊。

最重要的是，我們如何從人修行到「聖人」或「聖佛」，就是要一層一層的解脫、一層一層精進，然後得到一層一層的智慧、一層一層的生命。

我們在生理上有一個生命體，是父母賦予我們的，也就是魂和魄。什麼是魂？就是色身這個肉體。什麼是魄？比方我們會說話、有記憶、會規劃……等等，這些能力就是魄，簡單地說就是「眼、耳、鼻、舌、身、意」，我們形容一個人能力很強，會說他很有魄力，指的就是魄。

當我們往生以後，色身燒成骨灰，魂和魄就分開了。換句話說，當生命存在的時候，魂魄是在一起的；當生命消失以後，魂魄就分離了。那是到哪裡去了呢？

魂會永遠守著肉體，即使燒成骨灰，它也在骨灰裡，所以要好好安頓骨灰，不能任意踐踏。有些人以為，人死後就什麼也沒有了，於是把骨灰撒在海裡，或是樹葬，撒在樹下，這是不對的，會變成真正的孤魂野鬼，沒有人照顧。

至於魄，死後會依照自己的因果，到相對應的法界去，也就是六道——天界、人界、阿修羅界、畜生界、餓鬼界和地獄界。而且魄是有感覺的，就像我們在夢境中也會有感覺一樣，如果有人追它或要殺它，它也會害怕、會痛苦，而這就是因果報應。

我們的魂魄，是從父母交合、形成胚胎的時候所產生，然後在母胎中生化，細胞一直分裂、成長到兩個多月後，胎兒的心臟形成了，那個來自於天上的佛性，才進入母胎中的胎兒心臟。

所以在我們身上，有來自天上的佛性，就是天上來的天性，是光明的大智慧；還有來自父母、人間的、地球的魂魄，這是父母給我們的肉體，所以這三者都是

「我」。

可是一般人只知道外面這個「身體的我」，卻不知道裡面還有一個「靈性的我」，這才是最重要的，是大智慧，祂會帶著魂魄一起到天堂、到佛國，所以我們要修行、要成就。

修行人如果不了解這些道理，要怎麼修行？也不知道該修什麼，因為他不懂得「魂、魄、靈性」三位一體的修行、三位一體的成就，應該怎麼修。既然不懂，又每天在那裡唸經、唸佛、拜佛，根本是緣木求魚，浪費一生的生命。

人只有現在這一世，沒有來世，因為來世父母的胚胎已經有了魂魄了，我們這一世的魂魄不可能再進去，所以只能當孤魂野鬼。由此可知修行多麼重要，成就多麼重要，可惜很多人都不了解。

「聖光印心禪」是所有佛法的中心，如果沒有禪法、沒有禪定，就沒有佛法。當年釋迦牟尼佛如果沒有禪定，也成不了佛，更不知道每個人都有佛性，都可以成佛。

從這裡，我們要了解，整個釋迦牟尼佛的傳承，整個正法的傳承，都在禪定當中，但禪定不是傻傻的坐在那裡打坐，而是要有得道的師父，能夠傳「佛心傳心，佛心印心」，傳佛心印的師父，傳給你證量，才能讓你得道，把你身上的、魂魄的業障、靈障，以及父母遺傳的病源等等，全部淨化，這才是最珍貴的。

一般人都不知道佛法這麼重要，所以師父才要一再提醒各位有緣眾生，一定要了解什麼是真正的佛法，不是每個打坐的修行人都可以成佛。

為什麼有些人打坐會走火入魔？因為他想求神通，於是便放空，讓外靈上身，外靈因此入住心中，於是就被它控制了，這就好比我們身體這間房子，本來是自己住在裡面，結果卻打開門讓流氓進來，變成他是主人，自己反受其控制，這就是走火入魔。所以禪定要依一定的正規方法，不能隨意亂坐，道理就在這裡。

超生命禪是從人的生命開始，然後超越生命。什麼是超越生命？比如一個有病的人，可以讓他沒有病；或是年紀大了，細胞即將老化、死亡，可以讓它不要那麼早死亡，這就是「超生命禪」的力量。

慈悲離瞋心　祥和生喜樂

師父說，修行首先要修心裡的智慧和慈悲，這是內在美的修行，特別是不要生氣，非常重要。因為現代人瞋癡心都很重，所以跟師父修行的第一個要求，就是不生氣。只要能做到不生氣，家庭一定很和諧，親子關係也會很好。

現在社會最缺乏的就是和諧，如果大家都有歡喜心，不生氣，人與人之間就不會發生口角，夫妻也不會離婚。可是有人就問師父，如何才能不生氣？那很簡單，只要常懷有一顆歡喜心，就不容易生氣。

真正的修行要修六度萬行，或稱六度波羅蜜，也就是布施、持戒、忍辱、精進、禪定和般若智慧；然後再修十地菩薩，如果由師父來帶領大家，就會很快超越，否則自己修一輩子也做不到。為什麼？因為沒有聖靈之光，但師父有，可以給大家。

師父首先會用聖光為大家打通任督二脈，讓大家更好修行，希望大家要確實的從心裡修起，從不生氣開始，從歡喜心開始，然後修慈悲心和愛心。這些都具足了以後，接下來就要修身體健康。

有句話說：「不生氣，不生氣，活到一百一。」只要不生氣，就可以延長壽命。為什麼呢？因為生氣是誰在生氣？是「魄」在生氣；那又是誰在受氣？是魂在受氣。換句話說，在還沒有生對方的氣之前，已經先生了自己的氣，氣到自己的「魂」，也就是肉體，而第一個受到打擊的就是心臟。

我們的血液都是「魂」，當心臟受到打擊，血液就會起化學變化，變得有毒性；本來血液是輸送營養到全身，現在變成輸送毒性，當然身體會生病，所以不要生氣。

此外還要有歡喜心，有了歡喜心，就不會生氣。

我幾年前曾經在電視新聞看過一篇報導，有一個外國媽媽，她發了好大的脾氣，然後就餵奶給小孩子喝，結果那小孩子就突然死掉了，可見那血液有多毒，但很人不知道這奧秘，所以生氣的時候千萬不可以餵嬰兒喝奶。可見禪師所言真實有例。

所以基督教也說要有一顆喜樂的心。因此，我們隨時隨地相應裡面的自己，那才是真正的我。只要有這個念頭，就可以直接與祂相應，而自然生出快樂的心，覺得很清涼，要養成這個習慣。不管做任何事，或與他人相處、溝通，都要用這顆心，這樣就可以事半功倍。

以上是關於心理方面的清淨。至於身體要怎麼清淨？就是透過修行產生的光，把魂魄、也就是父母遺傳下來的靈障和業障，一一清淨。就像須菩提在《金剛經》問世尊：「如何降伏其心？」如何降伏自己這顆紛亂的妄心？世尊不直接回答他，而是說：「當身上的靈障和業障全部都度盡以後，再也沒有一個眾生可以被度的時候。」世尊所謂的業障和靈障，是指身體裡面的眾生——當體內的眾生都度盡了，身體就清淨了。而這唯有靠佛光，也就是聖光，才能夠度盡，這是很重要的觀念。

佛說的每句話都很重要，譬如祂在《金剛經》說：「若以色見我，以音聲求我，是人行邪道，不能見如來。」所謂色，是用眼睛看，「我」是指佛，「若以色見我」，如果想用眼睛看佛，以色見佛。「以音聲求我」，現在很多人唸佛，就是以音聲求佛。「是人行邪道」，這樣修行已經偏差了。「不能見如來」，不能見到佛。

也就是說，不管是用眼睛看佛，還是用口唸佛，都不能見如來，就是不能見性成佛。然而奇怪的是，明明佛在經典中已經說得這麼明白，但是還是有非常多的人要如此修，好像都沒有開悟，可見「開悟」是多麼重要。

如何開悟？要開悟什麼？開悟人只有一世，沒有來世，所以要把握今世，趕緊修行，不管年紀是老是少，都可以修，只要依照正確的、一定的方法，都可以成就，這是人生最重要的事。

靈性要如何接到聖光？就是在練禪功的時候，從會陰開始，會陰位於前陰、後陰中間，從會陰經過心臟，再到大腦的第三腦室，第三腦室是通往佛國、天堂的平台，所以修十脈輪都要到第三腦室，在這裡接到聖光以後，就可以一目了然。修行就是這麼簡單，不複雜。

但如果去看大藏經，經律論那麼多，從「如是我聞」開始，根本看不完，而且很多都看不懂，或是看了以後，並沒有改變自己，所以沒有效果。真正的修行，一定要實實在在地修禪定，修「身、心、靈性」的解脫，也就是修「身」的禪的變化、「心」的禪的變化、「靈性」的禪的變化，才能讓自己更完美、更優質、更光明。我們的靈性，我們的佛光，我們的聖光，是在天堂、佛國，不在人間，所以禪定要超越地球時空。如何超越？就從專注訓練開始。

真禪超生命　妙法通天地

什麼是專注？就是精神集中。精神如何集中？現在人每天都離不開手機，滑手機的時候精神最集中，這就是專注，所以只要把滑手機的專注力移到體內，就可以讓身體產生靈力。

我們開發身體的生命能、生命力，是用靈力，開發大腦的智慧也是用靈力，或稱為超靈力，師父曾經辦過幾次兒童禪，幫助智能障礙兒童開發智力，後來他們都變成天才兒童。所以師父所傳的聖光印心禪，是真正可以得到「光」的生命之禪，是釋迦牟尼佛世界或耶穌世界的禪，這個光是天堂的聖光、是佛國的佛光，非常的重要。

如果今天你看到這本書，想在五年內修行成就，去度眾，統領大眾修行，請寫信給悟覺妙天禪師，來信寄到台北郵政33之368號信箱。

總之，修行要修到身體沒有病痛，可以長生不老。那要怎麼修？就是修腦幹，從骨髓到松果體，也就是在大腦和小腦之間。如果要修靈性，就直接經過心臟，通過喉嚨，往上到第三腦室，這是我們上天的平台，非常重要。

每個人不管是修心、修身，還是修靈性，都要修到第三腦室，在這裡準備接受聖光，讓聖靈充滿全身。在這一章裡面師父講了很多什麼是禪、什麼是超生命禪、什麼是佛法、什麼是成佛的佛法，就是釋迦牟尼佛所傳的「佛心傳心」、「佛心印心」，但如果沒有禪，就沒有佛法，人也不可能成就。

師父在道場講的佛法，都是佛講了四十九年的佛法。當年佛二十四歲修行，三十歲證道，到了八十歲涅槃前後講了四十九年佛法，但佛卻說：「我說法四十九年，一句佛法也沒講，如果你們說我講的是佛法，就是在謗佛。」佛為什麼這麼說？一般人以為用耳朵聽到就是佛法，然而佛法是在傳承之中，是在不言中。

禪宗是「以心傳心」的傳心法門，直接傳「佛心印」，所以佛在「不立文字、教外別傳」的不言當中，直接「傳佛心印」，把佛的心印傳給了迦葉尊者，這就是成佛的佛法。

這種成佛的佛法不容易傳，師父看現在還沒有人傳，因為要得到真正的佛法，一定要發菩提心，發大慈悲心，也就是「我得到這個成佛的佛法，成佛以後一定會帶領眾生，不管他有沒有修行，都一起回佛國」，要發這樣的大願，才能成佛。

比方像接引，當自己開始修行時，就要接引親朋好友一起修，不是等到成佛以後再來傳法，這樣菩提心太小了，還是「人」的心怎麼可能成佛？一定要有佛的心，要有廣大的慈悲心，才能成佛。這是修行人必須了解的觀念。

師父希望大家能了解什麼是真正的佛法，只有真正可以成佛的佛法，才是每個人需要的，所以除了佛經，還要加強印心禪法的禪定。因為研究佛經只是在研究佛學，是形式上的修行，而印心禪法的禪定是從釋迦牟尼佛開始，到初祖摩訶迦葉尊者、二祖阿難尊者，一直傳到師父第八十五代，所以師父身上有很大的責任。

師父希望每位修行人，都能負起「統領大眾回歸佛國」的大任，不是只為自己一個人的成就。如果只想修個人成就，那一定不會成就。

修行要成就，要修戒律、修禪定、修般若智慧，然後解脫，自由自在地到佛國世界。佛國世界不是等到死了以後才能去，當我們還在世的時候就可以去。

如果修的是真正的佛法，就可以在修行過程中，見證自己的身上有佛光，你會很有信心，修行一定要實修實證，而且要修真正的佛法，真正的佛法可以改變體質、改變生命、改變智慧、改變眼界、改變大腦的思考力和創造力，一切的研究發明都在佛法中、智慧中產生，可見修行多麼重要。將來百年的時候，就不會害怕。

可是相反地，如果沒有修行，當大限來臨時就會很害怕，因為不知道誰會來接你，也許是牛頭馬面或祖先，如果是佛菩薩來接引，就可以乘著佛光，隨佛菩薩上去。

所以佛法很重要，但大多數的人都不懂得分辨，不知道什麼才是真正的佛法，所以師父所強調的佛法是「成佛的佛法」，一般都說正法，但有些人不清楚，所以師父特別強調是「佛陀成佛的正法」，才是真正的佛法。

跟著師父修行就可以見到佛光，這才是修行的真正意義，才是修行的價值，否則人生只有這一世，白來一趟人間受苦，而得不到永恆的快樂，這是多麼可惜的事！

分享一個故事給大家。宇宙和宇宙間的萬物剛被創造出來的時候，所有人的心智都非常的單純，沒有過多的慾望，他們心境非常寧靜，都擁有與生俱來對快樂的感受能力，一個個生活得非常快樂。

但隨著時代的發展，社會上的物質漸漸增多，人們的思想就起了變化，內心的各種慾望也慢慢增多了，他們為了物質上的享受不斷地爭名奪利，以致於發動戰爭，最後生靈塗炭。

眼見天下之人為了心中不斷增長的慾望爾虞我詐，費盡心機，甚至不惜大打出手，害得許多人為此丟掉了性命，上帝非常的憤怒，決定把早先賦予人類的快樂收藏起來，不讓這些人如此輕易的享有快樂。

於是上帝把所有天神都召集起來，一起商量要把快樂藏在何處，才能不讓人類找到，大家思考了很久，最後一個天神提出自己的建議，他說我們把快樂藏在天地間最高的山吧，這樣人類就找不到了，上帝很快就否決掉了，祂說人類的聰明是你難以想像的。

後來有人建議那把快樂埋藏在最深的大海底下，那就找不到了吧！有一個天神說不可以，人類很快就會發明潛水工具，上帝也否決了，藏到山裡不行，埋到海底也不行，那麼我們把快樂藏到遠離地球的星球上，如月亮，上帝說：還是不可以，看來大家都不了解人類，隨著科學的發展，人類很快就會發明離開地球的航空工具，不管把快樂藏到月亮還是金星、火星上，人類遲早都會到達哪裡，找到快樂。

這時候有一個小天使突然說，上帝我知道把快樂藏在哪裡，人類就很難找到，那上帝就很開心的要他說來聽聽看，小天使稚氣的說，很簡單啊！就把快樂藏在

「心」裡面，人類就不會到那裡去找了。

這時候上帝還有眾神都拍案叫絕，這個藏法太好了、太奇妙了。這個故事很發人深省，長久以來，我們絕大多數的人都幻想能找到一樣事物，能夠使我們擺脫痛苦煩惱的纏繞，那我們的生活上就會永遠快樂。

我們之所以不斷地在人生中追逐金錢、地位和權利這些外在的東西。產生許多的慾望，就是因為我們誤以為它們能夠帶給我們快樂，但是如果你渴望的東西沒有得到，你希望的事情沒有實現，你的心裡會是什麼感覺呢？

不能實現慾望的感覺並不好受，當我們沒有得到自己想要的事物，絕大多數會有一種痛苦感覺，心中充滿焦慮不甘、失望不安、負面情緒，覺得自己這一生白過了，活得沒有一點人生價值。

我們一直從外在找尋快樂，但周圍的人事物我們卻不能控制，生活中許多事情也都無法預測，世界萬事萬物千變萬化，它們不可能盡如人意，在這個基礎上追尋快樂一定會失敗。

真正的快樂不會因為外物而改變，它始終處於一個很安穩的狀態，怎樣才能找到這種永遠不變的快樂呢？尋找快樂的過程其實就是不斷尋找真正的「自我」，就是王陽明所強調的「致良知」。

說到底，所謂「致良知」就是一個不斷放下自我的過程，王陽明當年在龍場修行悟道，他自認對於世間的一切榮辱得失都能夠放下，但還有生死一念，還不能勘破，成為悟道的最後一點累贅。

當時他身處窮鄉僻壤，毫無一人一物可以倚仗，那麼他最後是怎麼做到的呢？他被貶到龍場，宦官劉瑾還是不放過他，進一步要加害他，他沒有逃避，反而找人用石頭打了一個石棺材，發下大願說，我就當自己是已死的人，那還有什麼好怕的呢？

就這樣，王陽明把一切都放下，以忘我之心在石棺中「靜坐修身」，潛心悟道。終於在一天晚上，王陽明睡覺的時候突發靈感，悟到古人所說的「格物致知」是怎麼一回事，他不禁歡呼雀躍，狀如瘋癲。他認識到自我的本來真面目，領悟到心靈中真正快樂而自由的境界。人們常說要活得快樂。但是，真正的快樂是什麼呢？那是生命中一種忘我的狀態。一種與萬物為一體，無拘無束、自由自在的境界。

只要能認清整個生命價值，等到將來得到聖光，就可以和魂魄一起回到最快樂的地方。每次想到這裡，師父告訴我們「祂」的心也會很清涼，非常的舒服。靈性就在心臟裡面，當歡喜心和慈悲心越強時，就與「祂」越接近，越接近祂，得到的智慧與正能量就越多，當然就會很快樂。

王陽明所證悟到的，也就是師父常常教導我們的禪修過程，修行一定要實修實證，自己去經歷、自己去體會，才能找到那不生不滅的真正的自己，和永恆的快樂。

當我們還沒有辦法到達這種境界的時候，眾弟子「與師同心同行」就非常的重要。只有師父知道如何帶領弟子成就，因為祂從故鄉來，知道回家的路，知道帶我們解脫輪迴之苦。

有一天，孔子的學生子路，問孔子的志向，孔子回答：子曰：「老者安之，朋友信之，少者懷之。」（《論語》公冶長篇第二十五則），使老年人都得到贍養，使朋友們都互相依賴，使青少年都得到照顧。

孔子希望能夠以自己的力量使天下人安之、懷之，真正偉大的聖哲都是這樣的心思，譬如釋迦牟尼佛、耶穌，悟覺妙天禪師，都是想要化解人間的苦難，對於老者、少者這些弱勢群體，應該加以照顧。

「朋友信之」，孔子的志向是讓朋友都互相信任。如何使天下的人都能互相信賴呢？那只有設法使政治上軌道，教育很合理，整個社會的架構都充滿正義才行。但這樣的社會即使到了二十一世紀也沒有出現過，即使在最富裕的國家也沒有實現過。

悟覺妙天禪師成立國會政黨聯盟，也是要打破兩黨對立及不信任，讓台灣不要在政治的惡鬥上空耗，阻礙了台灣社會的進步和繁榮。

雖然，孔子和悟覺妙天禪師的志向以世間人的角度來看，是非常不容易實現的，但祂們還是盡自己所能，全心全力去實現自己的志願，祂們傳道解惑也是在實踐自己的志向和願力。

每個人的人生境界不同，志向也有所不同，但依然可以去精進努力不斷超越自己，師父說：「禪是超越自己，成就別人，是純真至善完美，是真情流露，是一切生物萬物母光。」師父教導我們做任何事不居功，祂老人家年歲長，但心志卻不輸給年青人，為了救世理念，盡心盡力，即使做了天大的事，也不居功。

祂為「地球成為佛國」的大願全力以赴，不惜傾家蕩產，一心一意只想帶領成千上萬眾生的靈命回到清淨純真永恆的家鄉，師父說：「用超越的心，也就是精神力，就能到達那不可思議的境界。」

每一個人都必須找出自己的人生目標，有目標的生活才有意義，有意義才會快樂。去創造自己的價值，別人因有你而活得更好，物質享受只是短暫的。若沒有更高層次的精神寄託，大吃大喝後，大腦因為「飽和」感覺遲鈍了，反而更空虛。

古人說得真好，「廣廈千間，夜眠八尺」，物質上的慾望只會加重心靈的負擔，很多人把人生目標定為追求幸福，但如果要靠外力才會幸福，那這個幸福不會長久，因為真正的幸福是追不到的，它源自你的心。

江上的清風、山間的明月，取之不盡用之不竭，若無閒事掛心頭，清風明月便是幸福。自己的小確幸不會帶來大幸福，但為人類付出卻會造成大幸福。前者為己或後者為人。要快樂不難，就在一顆心。

找到自己喜歡做的、有意義的事，專心去做，便會得到極大的快樂。

第十五講
宇宙聖靈之光　眾生靈性的依歸

《聖經》約翰福音八章十二節：「耶穌又對眾人說：「我就是世界的光。跟從我的人，就不在黑暗裡行走，必要得著生命的光。」

詩篇十八章二十八節：「你必點著我的燈，耶和華我的神必照明我的黑暗。」

詩篇九十七章十一節：「散布亮光是為義人，預備喜樂是為正直人。」

約伯記三十三章二十八節：「神救贖我的靈魂免入深坑，我的生命也必見光。」

約翰福音一章四－九節：「生命在他裡頭，這生命就是人的光……」

師父告訴了我們宇宙的奧秘，那真正的「我」就住在我們的左心房，一個很小的空間「心之靈室」，就是我們的「自性」，也就是智慧，生命之光。不論是聖經或是佛經，生命的源頭就是「光」。

為什麼修行一定要禪定，因為禪定才能見到「自性光」。一般傳統的修行方法都無法達到究竟，很多人還停留在守戒、持戒的階段。其實佛教三學「戒、定、慧」，已經明白告訴我們「定、慧」的重要。

所謂三大阿僧祇劫，是指三界的障礙，也就是本心的障礙。欲界是指內心的慾念，即意識形態；色界是指生理狀態；至於無色界，則是經過生理與意識之後的潛在意識。

三大阿僧祇劫並非指時間的長短，而是當下（或這一生）能不能克服身體的障礙及心理的障礙，如果能克服這兩大障礙，等於通過了兩大阿僧祇劫，若能在超越時空（即潛在意識、過去世的障礙）就能夠見證到佛性（又稱自性、靈性、本心）。

潛在意識是一種累積的意識，包覆在本心之外。比方你心裡有什麼事放不下，或是過去累世的記憶，都會累積在這裡，就像是記憶的倉庫，從無始劫開始，一直記憶到現在。它的變化是從最接近現在的部分開始，然後往後退，這些變化看不到也抓不住，佛教上稱為業力，它所產生的障礙就是業障（「業」就是行為）。

我們「借假修真」，用這個假的肉體來修真正的自己，師父說，我們的「自性」本來就是清淨的靈光體，卻被我們累世的業障所覆蓋，所以修行就要突破色身（生理）、意識（心理）、業障（潛在意識）這三大阿僧祇劫，讓自性回復本來的光明面目。

很多修行人就是被這些身心的障礙及潛在的累世記憶（業力）所束縛，所以才不能成就菩提。如何突破這三大關卡？一定要靠禪定的功夫。

印心佛法的四度空間包含了物質的生理空間（身體）、理性的意識空間（心理）、精神的潛意識空間（過去世）、及智慧空間。師父說，凡是生物都離不開時間與空間，即使是一株植物，都有它的時空性。很多人常說忙得沒時間來禪修，其實每個人都有時間，除非是往生了，時間、空間的觀念才會消失。人的一生，都脫離不了時間與空間的關係。

如果你能透過禪修，得到大自然、大宇宙的力量，那麼不論是身體、意識、精神、靈性，都能得到昇華，這一生不但可以過得多采多姿，還能獲得更豐富的能量、更開闊的思想，人生必能成就一番大格局的作為。也只有進入「禪定」中才可以超越生理、意識、潛意識的層次，直接進入心靈的智慧境界。那是一個「光明的世界」，無法以人腦想像，唯有在進入禪定以後才能夠顯現。

所以修行一定要禪定，不禪定的修行只能算是「修身養性」，雖然這樣也不錯，但不能以此為滿足，一定要超越這個層次，才能找到本有的般若（智慧）之光，也就自性之光、生命之光，也就是佛光。

萬物都跟光脫不了關係。一切有生命的動植物，甚至可以說一切宇宙萬物，都是「光」造化出來的，並非所有存在於宇宙的光都是肉眼可見的，肉眼看不見的光並不代表祂們就不存在。

現代科學家所繪製的「電磁光譜表」告訴我們，人的肉眼只能看到宇宙非常狹小的一部分，我們稱它為「可見光帶」，肉眼看不到紅外線波長及比其更長的一切，也看不到紫外線波長及比其更短的一切。

肉眼所見極為有限

在人類還沒發明別的工具，來幫助肉眼探測可見光帶以外的宇宙前，人類所看到並認為是完全、真、實的世界，實際上是極不完全，它只是整個宇宙極小的一部分。有的時候照相機的功能比我們的肉眼強，能照到肉眼看不見的光。

有一位得過諾貝爾獎的台灣科學界名人曾說：「我不相信有鬼，如果有的話，請你抓來給我看！」許多科學家們僅侷限於用人類的「六根」、「六識」及「六塵」來探索物質世界的真理，他們自許是真理的追求者，把科學當宗教來信奉，卻不知人類的「根」、「塵」、「識」，距離真理還很遙遠。

證道聖者能發出廣大聖光

既然萬物的本體都是「光」，質與能可以互換，色與空其實沒有兩樣，只是大部份的光是肉眼看不見的，要借助儀器才能探知它們的存在。例如居里夫人發現的鈈與鐳元素的輻射光，倫琴發現的X光，以及在偶然機緣下發現的礦物的輻射光波。現代的克里安照相機可以照出人的頭光及背光照片，並由此來判斷人的健康狀態，問世之後也逐漸被人們所接受。

鬼是肉眼看不見的靈能體，佛更是肉眼看不見的大靈光體，祂們不是物質體，也不是用手能捉得到的，只能在偶然的機緣下，藉由照相機拍攝到。再者，各個宗教團體，不論是道教、佛教、一貫道，甚至基督教、天主教，在其祭典和法會中，偶爾都會拍到顯現「聖靈之光」（簡稱聖光）的照片，這已不是什麼稀奇的事。證道的聖者在傳法時所顯現的證量光被照相機拍攝到，也是經常有的事。紅色的光是其身光，金黃色的光是其法身智慧光，綠色的光是自性之光，白色的光是清淨光。

這些看來雖然不可思議，但也只能說信者恆信，不信者恆不信。既然萬物都與光有關，眾生跟佛菩薩也都有「光」，差別只在光波的大小與光的明暗度有所不同而已，釋迦牟尼佛在《金剛經》中說：「一切聖賢皆以無為法而有差別。」就是指得到聖光的證量大小而有差別。菩薩修行到了第三地就會發光（稱為發光地），修到四地菩薩，智慧光如火焰（稱為焰慧地），十地以上佛菩薩的聖光更不容懷疑。

幾乎大部份的佛聖號也都跟「光」有關，例如西方阿彌陀佛是無量壽無量光佛，東方有藥師琉璃光佛、千光王靜住如來……等。耶穌也說：「上帝是光，上帝是大能。」佛與上帝同屬宇宙光源本體，名異而實同。

證道的聖者所發出的肉眼看不見的廣大聖光，正如中西方佛菩薩、聖徒、天使的畫像頭上都有光環，還有背光及身光，這豈是偶然的巧合？真是異曲同工，真理皆相通。

一般人所追求的不外乎親情之愛、朋友之愛，或是事業的理想，其實人生最重要的，是追求內在靈性的提升。因為靈性提升以後，不論生活、工作或理想，都會因此而得到幸福與圓滿，這是可以從修行當中得到印證的。當你與內在靈性合一的時候，會瞬間感受到一種前所未有的安詳與自在，這種感覺可以增長智慧，所以平常在言行方面不可違背良心，以免增加靈性的負擔，而障蔽了祂的光芒。只要能讓身心解脫，讓精神超越，就能夠接到這種光明的靈性，這是至高的福報，也是我們修行的目的。

禪天下的《宇宙聖靈之光》，裡面搜集了全世界師父的弟子所拍攝到的聖光照片。師父從三千五百張照片中進行最後的審查，見證律師團徐志明律師、蔡宥祥律師、林妤芬律師及龔書翩律師，費心過目每一張照片，選出九百八十六張具有聖光意義、有特殊價值的照片，希望給看到的有緣人一種心靈的覺醒，能急尋明師妙法，探究宇宙最究竟的真理，讓自己的聖靈今生就能找到回家的光明大道。

在此從第一輯的一百三十七張照片中，與有緣的讀者分享部份的宇宙聖靈之光。八十五代宗師弘法三十六年來，重新將「禪」從人間的三度空間，提升到四度空間，讓無數人因為得到宇宙的聖靈之光，而提升靈性層次、層層解脫身心靈之苦。祂所傳的聖光妙法，最終的目的要讓全人類都能轉污濁的靈體成為光明的聖靈，再得到聖靈之光而解脫回到光明的世界。

在看到這本書之前，我更是經歷了一件不可思議的事情，今年二〇一九農曆一月初九大梵天王的生日，我邀請了一位李美珍大姐一起去南投大梵寺點燈祈福，一方面是點燈為家人及眾生祈福，並感謝大梵天王請佛住世宣講佛法的恩典，所以我們才能得聞珍貴的佛法，另一方面是很高興可以聆聽到師父到此開示法語。當時李美珍大姊也是剛進本門修行不久，但她跟我一起經歷並見證到這個奇妙不可思議的恩典，令我們更是對聖靈之光確信不疑。

南投大梵寺是師父特別為九二一大地震南投市民所建的，恭請大梵天王在此坐鎮，並帶給這個地方上的百姓平安幸福。那天我們先點完燈，就到了大梵寺的後院草地上，我們靜靜坐在草地上鋪好墊子等候師父來臨的開示，不知為什麼才國曆二月十三號，南部的太陽就大到令人受不了，我和大姐撐傘坐在草地上，真是坐立難安，連一點風都沒有，但大家仍安靜等待師父來臨，因為大家是很開心的。

過了一會兒……突然一陣陣涼風吹拂過來，非常的舒暢，而且持續不斷，我心裡面真是開心，正跟大姐分享：好涼的風啊！因為我邀請她來，讓她坐在草地上悶熱的不得了，真是過意不去，才說完，就聽見有人說：師父進來後院了，後來整個後院清涼無比，起初不以為意，只覺得也許湊巧。

當師父坐上法座開示時，我們用相機拍下照片，竟然看到後院出現七彩光芒放射，及一長條金光、綠光、紅光圍繞法座，這時候我就完全明白了，師父顯了大愛神蹟，讓我們坐在炎熱太陽下，卻一點也不覺得不舒服，清涼無比。

這不禁讓我想到師父教導我們如何用氣，對人而言，「氣」是一種「有相的生命力」的表現。這種有相的生命力來自於有相的氣體，比方我們把空氣吸進來，透過禪定的功夫，氣就會在體內開始變化、昇華。

另外還有一種無相的氣，這種氣由太陽產生。我們看到的太陽光雖然是一種白色光芒，但它是由七種顏色的光混合而成的，而這個七色彩光實際上只有紅光、黃（金）光、綠光的變化，所以只要掌握這「三色光」，就掌握了生命，也掌握了智慧。

所以師父告訴我們，透過禪定不只得到有相的氣，也得到無相的氣來供應身體所需，嚴格來說，這種無相的氣不是「氣」，而是「光」。如果能藉由禪修得到這種無相的光，供養我們內在靈性的性命，那麼就可以在身體、精神及智慧各方面獲得大圓滿。

師父心心念念都是為讓人民過好日子，師父第一步先讓人民健康遠離病苦，師父特別推廣一種簡單易學卻大有能力的禪修心法，名為「太陽百歲禪」，旭日東昇時，面向太陽吸取太陽的生命光能，進入體內，活化五臟六腑及全身細胞。讓細胞皆充滿生命能量，體內保持一定溫度（不低於三十六．五度，體溫低是癌細胞的溫床），使您精氣神充沛，氣色良好，容光煥發，健美凍齡又抗衰老，免疫力大幅提升，不近藥石，健康美顏，長命百歲。

就如同當年的耶穌也是常常顯神蹟，如醫病、驅魔、支配自然界，四福音書裡面甚至記載到耶穌使三個死人復活的例子。祂們用了超自然的能力，是因為祂們了解事物的能力也可以歸類為神蹟，但並不是所謂的怪力亂神。「修為」到達一定的境界，祂就會有如此的境界和能力，就如同一個人如果斷掉「貪瞋痴慢疑，殺盜淫妄酒」，心清淨了，就會開天眼，看到宇宙的實相。

這時候我不禁想到這三位聖者祂們出生時有的特殊異象，當釋迦太子降生的時候，天上樂聲嗚揚，華髮飄墜，宇宙光明，萬物欣豫。太子落地後，不扶而行，向東南西北各走七步，說道：「天上天下，惟我獨尊。」這時地下隨太子足跡所至湧出蓮花，天空有九龍踴出，在虛空中口噴清泉，為太子沐浴。這消息傳報到迦毗羅城的王宮中。淨飯王聞知，立刻趕到藍毗尼園，看看太子身現「黃金色」，三十二相，瑞應殊異。

古代史書《周書異記》記載：周昭王二十四年，甲寅歲四月八日，江河泉池，忽然泛漲，井水皆溢出。宮殿人舍，山川大地，咸悉震動。其夜五色光氣，入貫太微（紫薇星、北極星），遍於西方，盡作青紅色。周昭王問太史蘇由：「是何祥也？」

由對曰：「有大聖人，生於西方，故現此瑞。」昭王曰：「於天下何如？」由曰：「即時無他，一千年外，聲教被及此土。」昭王即遣鐫石記之，埋在南郊天祠前。

除此以外，西晉時期出土的史書《竹書紀年》中亦有記載：「周昭王末年，夜清，五色光貫紫微。」也就是說，早在距今三千〇四十四年前的周昭王時代，在中國的大地上，就出現了佛陀降生的奇異感應和預言。

世界的光

耶穌基督後期聖徒教會的成員就像許多其他基督徒一樣，相信耶穌是「世界的光」。在約翰福音第八章十二節中，「耶穌又對眾人說：我是世界的光，跟從我的，就不在黑暗裡走，必要得著生命的光。」縱覽聖經，當中有許多章節，證實了「光」這個真理。

耶穌基督的另一部約書《摩爾門經》，是一本與聖經類似的古代經文，當中就像舊約的先知預言了耶穌的誕生一樣。因為摩爾門經的人民是在距離耶路撒冷數千公里外的美洲大陸上，撒母耳告訴人們，當一些特別的徵兆出現時，就表示耶穌基督已經出生了。

宗師開口，聖光隨現

禪師坐台上，處處顯聖光

耶穌誕生之前，拉曼人撒耳母宣告：「看啊！我給你一個徵兆，再過五年，看啊，那時神的兒子就要來臨，救贖所有相信祂名的人。」「看啊，我給你們祂來臨的徵兆；因為看啊！那時天上有「強光」，所以祂來臨前的那個夜晚沒有黑暗，世人看來就像白天一樣。」「因此，那時一個夜晚和一個白天會像一個白天一樣」，沒有夜晚；這就是給你們的徵兆……「看啊，將有一顆新星出現……；這也是給你們的一個徵兆。」希拉曼書十四章二至五節。

馬太福音記載，天使向一群牧羊人宣告耶穌的降生，四十天之後來自東方的三個占星術士，由於一個特別的「星」的引導前來祝賀耶穌誕生。在天上出現的光與沒有黑夜，象徵了耶穌基督是「世界的光」。祂為世界帶來了光的真理，並且透過贖罪克服了罪與死亡的黑暗。耶穌基督是穿透世界的黑暗的光，對我們顯示了應當行走的正確道路，以及如何克服誘惑與罪惡的黑暗。

師持爆米花，猴知大師至，師曰依序來，列隊遵師旨。

師以清淨光，淨猴之業障

師父出生時亦出現了特殊異象，祂父親看到當時「日月同時高掛在天空」，「一個夜晚和一個白天，會像一個白天一樣」，強光照亮屋內外並異常通明別於平時，祂的父親覺得太特別了，所以才給師父取名為「明亮」。

自古以來，對人類有巨大貢獻的特別人物，在出生時常常會有特別的異象，即使史家的正史沒有紀錄，但稗官野史也絕對不會缺席。一向注重靈性、不注重歷史的印度，卻能把釋迦牟尼佛出生時的異象描述記錄的如此清楚，這就證明絕對不是虛假。再也沒有什麼比這個更值得普天同慶，更何況是貴為王子，又是王位的繼承人，印度的春秋之筆，絕對不會錯過這麼奇特的出生，更何況是國王的愛子。

我母親修學佛法十六年，在認識師父之前，就只是念佛，自從我來了禪宗印心法門跟隨師父修行，師父看到了生病的母親之後，百忙中仍抽空親自來幫母親消除業障及調理身體，並為家中開光，母親因心性仁慈溫暖清淨，更經過師父加持，就整個開天眼看到宇宙法界實相。在這當中我們感受到一個非常特別的經歷，有一天清晨四點多，母親把我叫醒告訴我，她感到全身非常舒暢，不知為什麼？後來在早上八點多的時候師父 Line 我，告訴我祂為我的母親全身淨化、超度了身體上的眾生，真的是太不可思議，為此我對師父除了感恩不已，更見證到師父不可思議的能力和救恩。之後因母親心清淨就開了天眼，她告訴了我很多法界實相，包括師父法身非常多次來看生病的她，佛菩薩亦來家中放光，及師父加持的佛像及物品放光，家中宛如淨土，母親說常常都是彩色光，閃來閃去都是佛菩薩示現光的真實情況，母親則告訴我，師父是再來世界幫助眾生解脫輪迴痛苦的大佛祖。

母親是一個莊嚴很有修養的人，她絕對不會欺騙她的子女，去毀了自己孩子生生世世的法身慧命。相信在師父眾多的海內外弟子當中，這些超生命宇宙光的見證，更是不勝枚舉。我只是把母親經歷到的奇妙聖靈之光，分享一點點在這一章節當中。

而我絕對相信釋迦牟尼佛的誕生、耶穌的誕生、師父的誕生所產生的光的明亮異象，都是真實不虛，只是我們人類因自己的業障，心不清淨所以看不到，因為祂們都是功德圓滿、證得佛果、大慈大愛，要帶我們回到永恆的天堂佛國淨土的佛菩薩。

師父又說到：人有五眼，是指五種層次不同的智慧，肉眼昏暗不能見，天眼不受時空限，慧眼看破根塵相，法眼能出入世間，佛眼常照眾生樂。人若修行證得五眼，就算修到功德圓滿而成就。

靈性從人道提昇到天道，智慧層次即可由「肉眼」提昇到「天眼」。開天眼之原理，是以證道明師修行的證量光，淨化吾人的心靈汙染，撥雲見日，而恢復靈性本有的光明，於是智慧就開啟。

開了天眼之後，有超一般人的判斷力，就不容易被不好的人所詐騙，最重要的是靈性得享天界的大福報，改變命運，沒有人界的災難。這是今生得遇佛祖的福報。

我一直很喜歡地藏王菩薩，也非常熟悉地

1992年12月12日，師父為同修加持，師以清淨光，業障就超渡

立法院長王金平致賀詞，強大聖光高照

禪師坐法台，聖光頭頂現

銀佛幣開光

聖光中有紅黃綠，究竟成就三光俱

藏經，地藏經講孝道，不孝之人不足以學佛。父親往生前半年，地藏王菩薩天天接父親去大陸九華山，在樹下聽祂講經說法，這是父親與地藏王菩薩累世的特殊因緣，父親因生病心很清淨，加上他過去生的善根福德，為佛門建寺，今生也建佛寺，高雄漢來百貨公司對面的佛教蓮社。又奉父母至孝，所以才能有此福報。

地藏經中這樣描述佛放光的景象：「是時如來含笑，放百千萬億大光明雲」。「光明雲」裡面顯理、放光。利根的眾生見到光明，佛所有一切教學他都明白了，不必要言說，「光明」表智慧。

「百千萬億大光明雲」就是無量無邊的智慧，一剎那全部都展現在一切大眾的面前。「是時」就是諸佛如來讚嘆，派他的侍者向釋迦牟尼佛問候的這個時候；世尊「含笑」，放光是表法。

光從哪裡出來？「自性」裡面本具的般若光明，佛為眾生說一切法以這個為根據。一下表現出來給大家看。

「百千萬億」說不盡，任何一句都具足百千萬億光明雲，一即一切，一切即一。一個人如果是以真誠之心、恭敬之心，就與佛的光明起感應的作用，佛光注照，就是大光明雲照在這時空中。令受者生無量的歡喜心，這是佛的加持、慈悲的加持、光明的攝受。所以光明來了，黑暗就走了，轉污濁為光明，師父所傳的就是這聖光妙法，修行也就是修得這「聖靈之光」，而且解脫回到那永恆的光明世界。

【見證】

上師慈悲法身引導禪定見證佛經實相

覺妙義明

覺妙義明小檔案
◎俗名：黃秋榮
◎禪修年資：自一九九〇年起，追隨悟覺妙天禪師禪修印心佛法，迄今已二十九年
◎現任：釋迦牟尼佛救世基金會董事長、台北天母禪修會館負責人

記得師父在傳道的時候曾經說過，釋迦牟尼佛和耶穌同樣都是證道成聖者。一位真正的證道成聖者，祂所看到的及所經歷的境界都是一樣的，只是真理所傳達的文字和語言表達方式有所不同而已。

在聖經哥林多後書第四章五節、六節和十八節，使徒保羅所寫的書信中說到：「我們並不是傳揚自己，而是傳揚耶穌基督是主，並且為了耶穌的緣故成了你們的僕人。」（哥林多後書四章五節）

因為那說「要有光從黑暗裡照出來」的神，已經照在我們的心裡，要我們把神的榮光照出去，就是使人可以認識那在基督臉上的榮光。（哥林多後書四章六節）

「原來我們所顧念的，不是看得見的，而是看不見的；因為看得見的是暫時的，看不見的卻是永恆的。」（哥林多後書四章十八節）

我在修行上，所有一切的進步，都是師父的栽培與指導，我非常感恩我的師父——悟覺妙天禪師，在此我要向師父說：師父，謝謝您！

根據佛經的記載，世尊在傳法時，都會有無量的光——金光、紅光、白光、紫光，而且會有無量的天人、護法及諸菩薩下來，非常殊勝。就我在禪定中所見，師父在傳法時，同樣也會有無量的光——金光、紅光、白光、紫光，甚至是七彩光，也會有無量的天人、護法及諸菩薩下來。

光電傳法　清淨累業

師父傳法與其他人不同的是，師父是以佛的光電證量直接傳給我們，直接清淨我們的累劫罪業，讓我們直接見證自己的靈性，見證佛菩薩的世界；這是我在禪定中的見證。

師父曾經開示：印心佛法不是師父發明的，而是世尊把佛的心印，一代一代傳下來的，一直傳到師父，是禪宗第八十五代宗師。所以，印心佛法是「靈性」在修，不是「人」在修，唯有「靈性」才能夠真正成就，這是我體悟到的見證。

師父傳法的方式可分為四種；就我在禪定中所見，第一種方式，師父會以光電直接傳給我們，直接進入禪定。

第二種方式，師父會在光中，化法身傳給我們，這個法身是師父的法身，我們在禪定時，會見到光，同時也會見到師父的法身，有時師父會現金身，有時會現穿法袍的身；因禪定境界的不同，見到的也會有所不同。

第三種方式，師父會在光中，化光球傳給我們。就我在禪定中所見，師父會把光凝聚成更強的光，直接進入我們的脈輪，幫助我們清淨累劫罪業，讓我們的脈輪能夠因此而清淨。

第四種方式，師父會在我們清淨的時候，或是有意無意之中，直接以光電進入禪心脈輪，然後通達全身。曾經有一次，我就是這樣被師父帶進了兜率天。

師父曾經傳給我們五種成佛智慧——體性智慧、法性智慧、真性智慧、圓滿性智慧、作佛智慧；今天我先分享其中三種智慧。

第一是體性智慧，在一次師父的傳法中，師父以很強的光，直接進入我的名色脈輪，接著到無始脈輪，再經由尾閭進入脊椎，一路往上行。這時，我發現脊柱真的好像一條金龍，化成一道金光，直接來到頭頂。我在禪定中，更專注地去觀，可以很清楚地看到脊椎骨，甚至看到裡面的脊髓神經。

也許有人懷疑，這是真的嗎？我可以百分之五百地向大家肯定，這絕對是真的。接著，當我再更深入禪定的時候，又發現一件奇妙的事：我的脊椎骨竟從底下一節一節地化成一朵接著一朵的蓮花，直上頭頂而來，變成一朵很大的千葉蓮花。此時我才明白，佛經中所記載的蓮花，原來是這麼一回事！

到了下一次師父再度傳法時，又發生了一件更奇妙的事：我發現除了自己，還有另外一個靈性的我，這個靈性的我，就在心裡面，祂坐在蓮花上，放出淡綠色的光，對著我微微笑著。當時我在定中見到這個景象，感到非常訝異，但同時也明白了，釋迦牟尼佛所開示的「蓮花化身」是什麼意思。

我相信很多人學佛、看佛經，終其一生都無法了解什麼是「蓮花化身」。今天若不是師父傳我佛陀正法，清淨我的累劫罪業，我想我也不可能知道「蓮花化身」的真實義。

就是「知足天」、「喜足天」、「妙足天」，這讓我非常驚訝。

兜率天是彌勒菩薩的世界，在這裡有白蓮花，當時我覺得很奇怪：為什麼彌勒菩薩世界的蓮花是白蓮花？為什麼佛經會如此記載？

後來在另一次禪定中，我才深切體會到，師父開示的「若要見到彌勒菩薩，先要能夠清淨」是什麼意思；原來白蓮花代表的就是清淨、知足，我們要像白蓮花一樣地快樂、法喜，而彌勒菩薩就是未來的佛，也是我們的真性，我們的靈性。

有一天，師父曾公開「世尊密意，自性彌勒」。佛成就的時候，曾說下一尊佛降世的時間，是在五十六億七千萬年後，有一尊佛從兜率天降世到人間，這尊佛叫作「彌勒佛」。所以很多人根據佛經的說法，穿鑿附會地說，現在地球上已經沒有佛了。這是非常無知的說法。

師父公開佛的密意，所謂「五十六億七千萬年」並非真的要五十六億七千萬年，其實是我們一切心的意識，其實五官、六意、七識，如果都能夠清淨，就可以見到我們的自性佛——彌勒佛。人在禪定中，突破了五官、六意、七識，進入第八意識（阿賴耶識）的「光明藏」，就可以成佛，而那一尊佛就是我們本來的自己，就是我們的「自性佛」。

等到真正見到祂的時候，我們會很高興，就像彌勒佛一樣。所以，佛不在外面，佛在我們的心裡面，心就是佛，修禪就是修心。

所以，修行要有智慧，過去的人都修行成佛了，我們又為什麼不能成佛？不能成佛的原因，就是我們不知道成佛的方法，沒有成佛的智慧，不知道成佛這條路怎麼走，因為我執、法執太深，過去的罪業太重了，我們現在的業要用智慧去圓滿、完成，過去的業則要自己一心懺悔、感恩。

只有一心懺悔、感恩，佛菩薩才能幫助你。所以一個要成佛的人，要有成就的信心和決心；有了信心和決心以後，再得到成佛的方法，以及證道成佛的師父來指導，這樣就有機會一世成佛。

為什麼一般人認為禪定會走火入魔？因為很多人修禪定，並不是正法修行，若依正法來修行，禪定不但不會走火入魔，還可以幫助入魔之人，讓他們提升靈性，身體得到健康。

一般人在初修時，都是以「方便法」入門，其中最方便的就是唸佛法門。但多數人都是用意識唸佛，甚至連唸佛的意義都茫然無知，這樣仍停留在「人」的階層，無法超越到「佛」的層次，如此修行不可能成佛。

要成就佛的真如實相，就一定要經過禪定，禪定是一條法船，帶領我們到達禪的最究竟境界，也就是光明的佛的世界。所以世尊特別強調，只要依循世尊的正法修行，眾生皆可一世成佛。

遍淨天界　真光萬千

還有一次，師父帶我進入了四禪天的第三禪天「遍淨天」，也就是第三禪天最高的一天。在楞嚴經就有「遍淨天」的記載。

同樣地，師父在傳法時，我先進入禪定，然後看到光，接著就現出師父的法身金光。這時我發現，師父的法身金光，要比遍淨天的光還要光亮幾千萬倍。當我見到師父的法身後，祂就示現遍淨天讓我看，遍淨天天界就像水晶世界一般，晶瑩剔透，非常乾淨。遍淨天的天人，有著水晶般的光體，非常清淨、潔白。當我從遍淨天再回到人間，才發覺我們「人」的身體是多麼骯髒！

又有一次，我進入了四禪天的「無雲天」，那裡充滿了白光，非常寂靜。而且我發現自己只剩下覺性，沒有任何煩惱，也沒有罣礙的事。此時我才明白，為什麼四禪天有無雲天、無熱天和無煩天。

後來，當師父在圓滿禪修講座為我們開佛門時，我在禪定中，發現自己超越了銀河系。我是如何知道自己超越銀河系的呢？其實當我們在禪定中，就可以發現，因為這些宇宙星球歷歷在目，就在眼前栩栩如生。

無量虛空　寂靜涅槃

當我超越了銀河系，來到一個寂靜虛空，虛空中有著淡藍色的天空，極其清淨、清涼，充滿著無量的佛光；而我就進入這個無量的佛光當中。

讓我非常驚歎的是，這個世界有無數的蓮花，黃色、白色、金色……各種不同顏色的蓮花，非常清涼。那裡的菩薩現光身，就坐在蓮花之上。看到這一幕，令我十分驚訝，也才明白，原來菩薩是多麼地清淨、莊嚴。

直到此時，我才知道師父的慈悲，師父曾經對我們說，只要是相信師父的弟子，在這一生中，不要犯戒，能夠行六度萬行，普度眾生，將來都可以回到佛的淨土，最起碼會成為佛菩薩的眷屬。所以我們要精進六度萬行，成就菩薩，等到功德具足，萬德莊嚴，就可以成就佛陀。

師父這三十多年來，為了苦難眾生，不辭辛勞地弘揚佛陀正法，我衷心希望大家都能一起來修印心佛法，將來一起在佛國團圓。我們要以佛心為己心，以師志為己志，共同讓這個地球成為佛國。

【見證】

無上菩提　成就指南

覺妙宗明

覺妙宗明小檔案

◎俗名：楊松亮

◎禪修年資：自一九九〇年起，追隨悟覺妙天禪師禪修印心佛法，迄今已二十九年

◎經歷：法商百利銀行協理、英商澳紐銀行台北分行副總經理、磐宏開發股份有限公司首席顧問、中國易學研究基金會常務理事、中國人相學會監事會召集人

◎現任：釋迦牟尼佛救世基金會秘書長兼總教授師、國會政黨聯盟組訓部主委

感恩師父，能夠在今生讓我有這麼大的福氣，向禪宗八十五代宗師悟覺妙天禪師——我的師父禪修「印心佛法」，是我這一生中最大的福報。師父打破一切相法修行的傳統窠臼，旨在導正眾生進入離相修佛的正確道路，可說是用心良苦。

很榮幸能寫上這一篇文章，分享一些師父帶給我這一生的法性智慧、圓滿性智慧。師父所傳的印心佛法，讓弟子從智慧法門的禪修過程中，體悟到師父對我們的教導，讓我們每位來學習的弟子智慧廣闊，看世間萬事萬物的角度不同於以往，身

心範圍擴大至整個宇宙，並瞭解到將自己視為宇宙一份子，此即法性的智慧；圓滿性智慧即圓滿功德的智慧。

現代絕大部分的佛教徒，並不清楚佛法有「方便佛法」與「究竟佛法」之別，以為佛法八萬四千法門，門門第一，各適其法。殊不知方便法只結佛緣、種善根，用感官意識修行，不可能修行成就；究竟法皆須修行者用無相的心來相應、用心來修行，是佛法中的無相法與無為法，才能到達實相法界，才有可能見佛成佛。

方便法種善根　究竟法真成就

禪宗印心佛法是可以讓修行人從「人」到「佛」，一世完成的究竟佛法，是釋迦牟尼佛真傳的正法，世尊有傳而未說。因為祂是一種「心法」，無法用語言文字來表達，所以世尊說過：「我弘法四十九年，沒有說過一個字」；此話看似矛盾，其實已指出一個事實，就是對沒有概念的無明眾生，不得不用語言來說。

雖然佛說了四十九年的法，後來集結成三藏十二部經典，共一百多部，這些勉強也算佛法，但這些經典並不能讓人成佛。因為這些佛法是對眾生說的，修行人再怎麼深入經藏研讀、背誦三藏十二部經，也跳不出眾生窠臼，故不能成佛。可見顯教只是「佛學」成分居多，真正「學佛」的成分則少。

真正的學佛，是禪宗的「直指人心，見性成佛」法門。真正成佛的佛法，是把「佛的心印」（佛的證量光）傳予菩薩（已開悟積極修行，有願力、想成就的眾生），讓菩薩直了成佛的佛法。

菩薩與凡人無殊，只是其心願不同，菩薩是上求佛道、下化眾生的修行人。印心佛法是真正可以成佛的佛法，是從「菩薩」起修、從「開悟見性」起修的佛法，不經過天道、聲聞道、緣覺道，因此又稱為頓悟法門，是大根器的修行人所修的正法。

我的師父苦修八年，得佛心印及法脈傳承，證得「報身、法身、應化身」三身成就，於一九八三年在台灣各地開始設立禪修道場，弘揚禪宗正法——印心佛法，迄今已經進入第三十六年。

我們知道，凡是承擔如來家業、教化人心、拯救靈性的聖者來到人間弘法，必然會碰上很多的困頓、磨難與汙衊等考驗，如世尊差點被人用醉象群踩死；達摩祖師被六次下毒而死；六祖慧能大師被師兄弟追殺，為搶奪衣缽達十五年躲在獵人隊裡面，命若懸絲；耶穌基督甚至被自己的門徒猶太所害，最後釘死在十字架上，死後才被世人崇拜，信奉為救世主；穆罕默德證道後，被仇人從麥加追殺到麥地利，也差點送命。

聖者就是因為已經證到佛及聖靈，所以魔王波旬才會來加害；一般沒有證到此境界的人，是不足以驚動魔王波旬的，何來法難呢？所以證道聖者在弘法救世時，皆會遭無明眾生加害，古今中外皆然！

得佛陀正法的悟覺妙天禪師，秉持大慈大悲、救苦救難的慈悲心，三十六年來，不斷地一步一腳印、克服紛沓而來的困難，始終如一，三十六年未曾停歇，為救有緣的活人成佛，為救有緣的死人（已經往生者）靈性回歸佛國淨土，而默默耕耘。

看得懂的人，就會來皈依追隨，修行正法而解脫成就；看不懂的人，就不斷地汙衊、毀謗、打壓、打擊，但師父都處之泰然，因為祂了解眾生的無明，要轉末法為正法，本來就是艱鉅的使命，但祂從未因困難而放棄任何一個有緣眾生，甚至連曾加害祂、攻擊祂、打壓祂的人，祂也不放棄要渡化他們——佛就是一個平等心、大愛。

對一般芸芸眾生，祂更不斷用各種方法去接引他們修行，辦過幾次數萬人的大型法會，接引並超度有形無形的眾生，平常持續對外接引活動，包括機關學校的禪學社、社區的禪修結緣班、以及公開的演講宣導等，不計其數，受到啟發的人士為數眾多。師父也接受真心弟子的皈依，傳弟子成佛正法，讓弟子解脫色身障礙、意識障礙及靈性障礙，逐步邁向靈性成就的里程碑。

師父更有鑑於台灣政黨的對立，祂說「政治可是大善，也可是大惡」，祂為救台灣、促成兩岸和平而不遺餘力，自己出錢出力；明明已經是八十六歲的「人」，還挺著硬朗的身體，成立國會政黨聯盟，為救台灣的前途而努力。可以見得，這不是一般之「人」可以做到的。

世尊傳予摩訶迦葉尊者時，曾說過一偈：「法本法無法，無法法亦法，今付無法時，法法何曾法」，正說明世尊傳心法予迦葉尊者，是傳佛的無相「證量」，以肉眼看不見的「佛光」，直接傳予迦葉尊者的「靈性」，或稱「心靈」，是一種肉眼看不見的密傳方式。換言之，是傳而不傳，有傳法之實，而無傳法之相。

迦葉尊者得到世尊傳予無相的「大光明體」，當下得到與世尊一樣代表佛的生命力、智慧力、超能力、造化力的大光明體成就。這是何等殊勝、快速而究竟的心法傳承，如此才能一世成佛。佛教界的朋友中，百分之九十只知方便法與有相法，不懂得尋找「佛心傳心、佛心印心，當下開悟，一世成佛」的究竟正法，十分可惜！

雖然世尊的大願力，是「地球佛國，人人作佛」，可惜地球上的修行人仍不明白，是世尊早已傳下靈性解脫成就的正法，可以幫助修行人成就佛陀。

修行佛道明師的重要

修行佛法，擇法固然重要，修錯了法門，果遭迂曲，浪費生命，已如前述。但更重要的，是要跟對師父修行、跟對「明師」（不一定是名師）修行，才是成就與否的最大關鍵。若只是想結佛緣、種善根，則另當別論。修佛就是要見性成佛，否則修行沒有意義。

真正可以成就的法，是佛陀真傳下來的「心法」，是無為法，是無相法，是實相法。得心法的途徑，是與傳法上師相應，由「相應」而後「印心」，要用心來接，不用感官意識來修。故達摩祖師說，那是一種「直指人心（直接把光傳達到人的本心）、見性成佛」的心法。

若非證道成佛的善知識，是絕對無法傳「佛心印」給追隨祂修行的弟子，而使之成就。如果不幸跟到一位沒有得到「佛心印、真傳」的師父修行，就是白費工夫，在成佛的路上枉費此生。

真正的明師是經過一番真修實證，而得到佛的證量傳承與法脈傳承的證道者。

禪宗的法脈傳承，特重嗣法的真實，宛如歷代祖師將一缽缽水倒入弟子的缽中，希望往後的弟子也能滴水不漏地傳承下去。假使你的師父倒給你的缽是空缽，沒有半滴水，那麼從你再傳下去的，也只能是空缽，當然也不會有半滴水。這表示「佛心印」的傳遞由此斷層了，佛的法脈也由此斷送了。嗣法不真實，徒有法脈源流之表象，證量傳承卻斷流了。

師父在二〇一二年八月間於上海傳法，初次遇到一個外國修行人，名叫馬克・楚梭（Mark Troxell），當時是美國派駐大陸的核能工程專家，他默默修禪多年，教禪也超過二十年，但他所教的是一般的「如來止觀禪」，而非究竟的「如來印心禪」，他的內在已經修得很清淨，也很想在修行成就後利益眾生。

師父看見他是個大根器者，也已經在修行道路上準備好了，雖然是外國人，也只是初次見面，但師父就直接將禪宗「不立文字，教外別傳」的佛祖心印傳給了他，定於兩個月後，要他來台，在台北南港大禪堂共修時賜予法號「覺妙妙明」。

得佛心印，即身成佛，就是如此迅速、簡單，但背後的辛苦準備期，卻鮮為人知。這位妙明師兄發表心得時說到，當師父傳法給他時，他首先看到紅色佛光，接著是金光進入體內，再接著是綠光、紫光、白光，及彩色的光，陸續都進入體內

——紅色的光是師父應化身的光給了他，金光是法身智慧光，綠光是自性的光；這是何等殊勝的佛緣。

師父對弟子們說：「帶你們回家（佛的故鄉），是我的責任。」跟對明師，禪心堅定，禪法堅固，都能成就，只要有緣人趕緊入門，尊敬這位三身成就的明師，跟著祂修行世尊真傳的正法，一心相應，印心得法，便可讓身心解脫，得到清淨，而直了成佛。

成佛必備五大智慧

第一個成佛智慧是體性智慧，也就是「讓色身（身體）解脫而健康、長壽」的智慧。先要了解身體的結構、組織與系統的特性與功能，然後透過清淨的修行法，讓色身的器官、細胞等物質生命體，提升為精神體，進而獲得健康與長壽的智慧。

第二個成佛智慧是法性智慧，也就是「瞭解大自然界『天地日月星』的能量、生命力」及其本有智慧，進而了解人與天地日月星的關係，然後精進修行，去改變並提升「物質體」（自己的色身），去和大自然的「法性體」相應，取得大自然的生命力、智慧力，為自己所用，以增強自己的生命力、智慧力，將人的精神領域，從人間擴大到整個宇宙的智慧。

第三個成佛智慧是圓滿性智慧，也就是「讓自己的心圓滿、修行圓滿、功德圓滿」的智慧。心圓滿，才能快樂歡喜，才能「人、事、地、物」皆圓滿。超三界，證到無上菩提，成就佛的果位，在在都需要圓滿性智慧。

第四個成佛智慧是真性智慧，也就是瞭解「如何修行，才能恢復靈性本有的清淨光明」的智慧，那就要修行人的體性智慧、法性智慧及圓滿性智慧都具足而得到清淨。圓滿功德也具足，自然就會見性，見到自己內在光明清淨的自性，此時的自性也就是真性。

第五個成佛智慧是作佛智慧，也就是瞭解作佛的基本條件，必須先具備菩薩的條件，從菩薩起修，依「戒、定、慧、解脫」的次第精進修行，從禪定中得到般若智慧，進入「光明藏」而見性；見性後，持續菩薩行，成就十地菩薩，待時機成熟，佛就會來成就我們的應化身；當應化身成就時，法身自然顯現；應化身與法身成就後，報身自然來會合；如此便成就了「三身成就」的佛陀。

這是師父為弟子所開示的「智慧法門」。師父在每一次的講述，從未看稿，都是從師父的佛性中圍繞主題、流露出來的真理開示。

這五種智慧若都具足，就知道如何修行印心佛法，而直了成佛。這是在大藏經找不到的，因為那些經藏不是為菩薩說，而是為眾生說。

禪宗印心佛法是從菩薩起修的，對真正想修佛、成佛者來說，師父的法是價值連城，法界至寶。師父翻轉了傳統佛教的修行方式，把漫長的修行路化成簡單明瞭的步驟——依「戒、定、慧、解脫」的層次修行，簡化為「清淨、智慧、圓滿、圓覺」四大重點，與達摩祖師的「淨智妙圓，體自空寂」同一旨趣。

師父說，有志一世找到返回故鄉之路的禪行者，一定要修禪宗印心佛法，心靈相應，真修實證，定慧等持，與佛相應，印心證道，水到渠成。

【見證】

我的師父—平凡中見其偉大

覺妙地明

覺妙地明小檔案

◎俗名：鄧鎮銘

◎禪修年資：自一九八八年起，跟隨悟覺妙天禪師禪修印心佛法，迄今已三十一年

◎經歷：工商時報記者、召集人，雜誌社社長、總經理、總編輯等職，釋迦牟尼佛救世基金會所屬禪修會館負責人

◎現任：禪天下雜誌總編輯

這一篇是在二十七年前，我有幸陪同悟覺妙天師父出訪中國大陸的隨行筆記。雖然只是短暫八天的出訪，行程中卻讓我看到了一代宗師關愛眾生的偉大胸懷。

時間是一九九二年八月三十日，時值盛夏，我接到通知要跟隨師父走訪中國大陸，我們一行十人是以「經貿訪問團」的名義出訪。

那時正值兩岸剛開放，住在台灣的人，對這片在地理課本讀過，卻從來不曾踏上的神州土地，自然是充滿了好奇。當然，這一趟旅程也可以說是，禪宗第八十五

代宗師悟覺妙天禪師帶領禪宗正法法脈重回中國大陸的首航。

南京大屠殺　生靈喜得度

我們從香港過境，再轉機抵達南京機場，之後下榻南京「京陵飯店」。因為坐了一天飛機，身體甚是疲累，晚飯後休息片刻，我就在房間內盤腿禪定。

禪定中，突然見到一個異相，看到天空布滿了數十萬計的靈體凌空飛行，每一具靈體的心臟位置，都點亮著一盞心燈。數十萬的心燈照亮了整片夜空，漫天靈體整齊地在空中排列飛行，煞是壯觀。

次日早餐會上，我向師父請益此一景象是何意義，師父說：「這就是當年南京大屠殺事件中，被屠殺的三十萬生靈被超度了。」我聽了恍然大悟，原來師父到達中國大陸的第一件事，就是在無相界超拔了三十萬被屠殺的苦難生靈。

過去常聽師父說，大陸是中國禪宗的發源地，中國禪宗歷代祖師、宗師的法統遞嬗，都是在這片土地上一脈相承。可惜近兩百年來，因為中土戰亂頻仍，禪宗法脈為了躲避戰火，免於被暴力摧殘而中斷的命運，只能隱於民間，直到國共內戰，法脈才輾轉來到台灣，正法傳承的重任就降臨在悟覺妙天師父身上。

但中國這片土地，早已失去正統佛法的洗禮兩百年了，所以師父從一九八三年正式開堂弘法以來，念茲在茲的就是要把禪宗真傳法脈再度弘揚回到中國，讓禪宗法脈在中國大陸賡續遞延，造福中國大陸的億萬眾生。

正因為中國大陸已失去正統佛法的潤澤，在這片土地上的生靈，數百年來皆難以超拔。我這才了解，師父急於親臨神州，是有其無相界的深義。師父心繫的，不僅止於生活在人世間的眾生，更包含了無相界千千萬萬的靈性眾生——我的內心非常震撼。

當天早餐後，我們由在地的經貿人員委派兩部轎車迎接，前往國父孫中山先生的陵寢所在地「中山陵」謁陵。謁陵的行程是由山下的石階徒步拾級而上，共計三百九十二階。當我們到達國父陵寢的墓園時，眾人皆已氣喘吁吁，但師父卻一口大氣也不曾喘過，不禁佩服師父的身體硬朗如斯，我們比師父年輕二十歲都自嘆弗如。

來到國父孫中山先生的陵寢，我們以恭敬的心面向陵寢閉目致敬，感恩國父當年領導革命、解救中華的堅毅精神。不一會兒，當眾人準備繼續前行時，我發現師父一直站在國父陵寢前，動也不動，就像在與國父以心電感應對話似的，足足停留了半小時之久。

我想起師父曾經告訴我們，國父來到世間的任務，就是要「救中國」，而師父來到人間的任務是要「救台灣」。師父洞察到台灣目前的處境，兩岸劍拔弩張，國情危如累卵，師父為了台灣人民的安危，不得不挺身而出，組建「國會政黨聯盟」，目的就是希望喚醒國人的憂患意識。

師父以八十六歲高齡，本可在家頤養天年，卻仍不辭辛勞地為國是奔走，這種為眾生而不惜犧牲自我的精神，實令身為弟子的我們感到汗顏。

拜謁中山陵　祥雲來護駕

結束謁陵時，已近中午時分，我們得再從中山陵步行三百九十二級石階下山，在這豔陽高照的烈日下，光是用想的，就已經頭昏腦脹；大夥兒一個個都脫下西裝，捲起袖子，襯衫早已被汗水濕透。

此時只聽見師父輕輕說了一聲「太熱啦」，然後伸出右手向天空一揮。就在我們被師父這一奇怪舉動而備感困惑時，突然有位師兄用手指著天空，大聲驚呼：「大家快看！」

只見原本烈日炎炎的天空，忽然飄來一大片祥雲，正好遮住太陽，而且就在師父的上空，彷彿就像經書記載的「幢幡寶蓋護駕」一般。大家目睹此一奇觀，都覺得十分神奇，過去僅在經典傳說中才會看到的描述，如今竟活生生地現於眼前，心中對師父更生起了無限的景仰與崇敬。而由於這片祥雲的護駕，讓原本火辣的陽光頓時和緩許多。

這一幕「祥雲護駕」的奇景，讓我們一行人看得目瞪口呆，也許過去曾在典籍中看過某位高人有祥雲護駕云云，但我們通常並不會太在意這種說法，認為那只是穿鑿附會之說。然而當天的異相是我們每位弟子親身經歷、親眼目睹，心中的震撼自是不可言喻。

接下來幾天，我們在江蘇參加了當地政府舉辦的經貿商務會議，師父也受邀上台演講，主題是「現代人的修行觀」。師父說：「修行人不一定要離開家庭或剃度，也可以在家修行，同時兼顧上班，賺錢養家；一方面修行，一方面貢獻社會，可以兩全。而且修行不是只有誦經、唸佛，應該要真修實證，見證實相。」當天師父的演講新聞，有見諸當地報端，刊頭標題為「台灣妙天禪師開示，修行一樣可以賺錢養家」。

一般人以為，修行一定要「拋開塵俗、剃度出家」，師父提出「修行可兼顧賺錢養家，貢獻社會，真修實證，見性成佛」的說法，大陸民眾更是第一次聽到。師父藉由這次演說，對「修行」下了一個現代註解，讓一般人對「修行」建立了正確的認知。

中颱轉輕颱　潤雨迎宗師

次日清晨，我們一行人分乘兩輛車往山東開拔，這一啟程就是一整天，到達山東時，已是夜幕低垂、萬家燈火，大家早已飢腸轆轆。

晚餐時，師父說，這一路上，我們的座車四週都有紅光圍繞，這是護法菩薩在保護我們行車平安。大家聽了才知道，諸佛菩薩是如此悉心地一路照拂著我們，眾人不禁互視莞爾，同時在心中生起無限感恩。

舟車來到山東城區，突然天候丕變，昨天在江蘇還是大熱天，今天到山東卻陰雨綿綿。不過，這樣的氣候相當溫和，雖然有些風勢雨勢，但在這炎炎夏日，就如一場甘露潤雨的洗禮，來得恰到好處，不但讓我們身心沁涼，心靈也有一番清淨的喜悅。

地陪人員說，這場風雨是因為當地正在颳颱風，但昨天在台灣是中度颱風，來到山東已變輕颱了，要我們別擔心。喔！原來是颳颱風！我抬頭向車窗外望去，雖說是颱風，但感覺只是風比平常稍大些許，雨勢也沒多大，一陣一陣、規律而有節奏地拍打著車窗，有如曼妙悅耳的音符，空氣中透著清涼，與昨天的燥熱對比，反而備感舒坦。

此時師父說話了：「這是佛菩薩以清涼的雨露甘霖歡迎大家。」一聽了師父如此開示，心中頓然驚訝不已，原來諸佛菩薩及諸天護法都在欣喜於師父的到來。

我們在山東登上了泰山，沿途有許多廟宇，每一間都是數百年的古蹟。儘管我們沿著蜿蜒的路徑前行，感覺體力有些疲累，但師父每經過一座廟宇，都會親自入內開光，沒有錯過任何一間。

後來我們才了解，師父如此不辭勞累地不放過一間廟宇，一一親自入內開光的真正意義，正如前述，中國大陸已兩百年沒有受過正統佛法的洗禮，師父是以其證量，也就是佛光，點亮這些已數百年沒有佛光潤澤的廟宇，使其大放光明，讓這永恆不滅的佛光，將來可以恆久地接引眾多善男信女，從此種下佛緣，增添修行的契機。師父普度眾生的悲心如此迫切，令我們感動不已。

在行腳於泰山山麓時，師父看到山邊有一個小山洞，就進去找了個大石塊，在

師父在泰山山麓的一個山洞中盤腿禪坐。

由當地政府主辦的「中華泰山封禪大典」，莊嚴隆重。

上面禪定了一會兒（約莫數分鐘），我趁機用相機拍了一張照片。師父起身後，大家也有樣學樣地輪流進去坐一坐，體驗一下在山洞禪定的感受。

之後，師父為大家開示道：「以前曾在某個山洞修行，有一天在禪定時，感覺褲管有些濕潤，便睜眼一看，原來是地上冒出細細潺流的清泉，才知道當身心與大自然合一時，能量是很強大的。」

禽鳥歌頌佛　眾生皆有情

我們下了泰山，來到東麓一間規模很大、有三百年歷史的廟宇，在這裡參加了當地難得舉辦的「中華泰山封禪大典」。封禪大典是泰山獨有的古老禮儀，據說以前歷朝皇帝登基時，都會在此舉行盛大的封禪典禮，以祈國運昌隆、物阜民豐。

我們在廟宇的步道中行走，這時有一隻鼓動雙翼、拖著秀麗長尾的鳥兒飛到我們身旁的樹梢，停在樹頭上。由於牠展翅飛翔的動作有點兒大，引得我們仰頭觀看，想來牠應是看到佛光，想要沐浴師父的佛光而來。

此時，師父突然出其不意地對著牠說：「唱歌！」牠便真的引頸鳴唱起來，像是在歌頌師父，又像是因為看到了師父的佛光而開心歌唱著。牠不過是一隻野生禽鳥，卻能聽從師父的指令而鳴唱，大家都嘖嘖稱奇。

隔天，我們參訪了山東普照寺，住持雲海法師得知師父要來看望他，雖然當時在外地忙於公事，但仍然堅持從廣州兼程趕回山東，一定要與師父會晤。

多才多藝的雲海法師還特地為師父表演了拿手絕活，包括振筆撰寫藝術書法，以及運用氣功以鼻吹笛、齒斷鋼絲、以內功隔空燃燒白紙等絕技。師父說，雲海法師是中國大陸少有已練到「真氣」境界的行者。以氣功來論，最高的境界就是真氣氣功。

師父說，氣在體內的運行有幾個階段，一般人賴以生存的是元氣，這是人體最基本的氣；元氣經過氣功的修練，練到最頂端就是真氣。也就是說，以氣功修練來說，真氣已經是最頂級了。

但印心禪法的修行，直接就從真氣起修，而後進入靈氣，若再更深入，就進入靈電，最後再由靈電進入靈光；修到靈光就是成就佛光了。

不過雲海法師在表演時，我看到師父一直不動聲色地為他加持，尤其在他表演內功隔空燃燒時，一開始是失敗的，再重複一次也未點燃，一直到最後一次才成功。而其實這最後一次，是師父暗地用手印加持雲海法師，這是我在一旁觀看時發現的。

普照寺是此次出訪大陸行程的最後一站，次日一早，我們便收拾行囊，搭機離開大陸。在回台灣的飛機上，俯瞰蜿蜒在大地上的黃河，我感覺有千百萬的靈體飛奔而來，從我的腳底和無始脈輪（道家稱之為海底或陰蹻）竄進身體。這些靈體像是來祈求師父超度，我在飛機上早已頭昏眼花、腹痛如絞，幾乎快受不

雲海法師現場表演臨摹藝術書法，此佛字左邊的人字部首，就是一位禮佛的比丘，妙天禪師在一旁觀看。

雲海法師與妙天禪師正在交談，禪師的佛光已降臨在法師身上為法師加持，其實真正的加持不需經過手勢比劃。

了了。

我無力地回頭看看師父，只見師父與坐在一起的隨行弟子談笑風生，讓我不禁由衷地讚歎師父超拔眾生的大威德力與大生命力。一直到飛機抵達香港，這些靈體才逐漸從我身上消失，我想應是師父幫我把「它們」全部都接過去度化了吧！我們就這樣結束了八天的神州之旅。

禪心即淨土　眾生即佛陀

我個人追隨悟覺妙天師父修行已歷三十餘年，在我身邊發生的奇蹟軼事不勝枚舉，包括工作上、生活上、家人、兒女身上的奇蹟，不計其數。

我對師父只有無限的感恩，可以說，是師

父改變了我的人生觀，再造了我的新生命；師父對弟子的生命救贖，只有自己親身經歷才能知曉，如人飲水，冷暖自知。

尤其珍貴的是，師父點化了永恆靈性慧命的真實義，讓我懂得在有限的生命中，精準而不浪費生命地追求真理；讓我一生都能明確地走在世尊真傳正法的菩提道上，精進禪行，永不退轉。今生有幸得遇明師，可說是不虛此生。

我所了解的悟覺妙天師父，是一位平凡中透著不凡的上師，他的胸懷之間只有眾生，隨時隨地都心繫眾生、關懷眾生，只要是為眾生，一切都可以犧牲，完全沒有自我。

師父看眾生完全平等，因為他看的是每位眾生裡面的尊貴靈性。每一尊靈性都來自天國、佛國，眾生靈性本同源，原本都是一家人，所以平等無二；即使是跟隨師父修行，後來卻背叛師門的弟子，師父也從未口出惡言，反而一心期盼這些弟子早日回歸。

師父所弘傳的禪宗真傳印心佛法，並不是一個侷限性、排他性的佛法。師父常說，信仰基督教的人也可以來修禪，然後與他所信奉的上帝相應，一樣可以見證上帝的實相而有所成就。

師父說，地球雖然是一個美麗世界，但屬於有相世界；宇宙中另有一個實相世界，那就是天國、佛國。天國與佛國完全一樣，沒有分別，都是人類必須回歸的靈性母體。

師父曾經在美國演講時，現場有許多來自各個教派的信徒，他們經由師父的引導進入禪定，都見證到各種光的變化而非常讚歎。可見師父所言「在更高的生命層次世界，並沒有宗教區別」，此真理的確真實不虛。

師父所傳的印心佛法，是屬於一切人類回歸天國、佛國的唯一正法，也是世上最珍貴的佛寶、法寶。師父說，他今生的任務是帶領一切相信他的眾生回到天國、佛國家園。從師父身上，我看到了一位宗教聖者的大愛。

最後，我想引用師父的一段開示作為結語：

禪心世界，娑婆即淨土，眾生即佛陀。基督即佛，佛即基督，性海無波。地球上所有一切都是眾生所共有，一切萬物皆為眾生所共享，此即人類平等的共性。唯有發揚人類平等共性，才能締造大同世界，為萬世開太平。十方極樂，同住人心佛性，十方極樂，自在禪心之中。

這就是我最敬愛的師父——悟覺妙天禪師的禪心世界。

跋

為什麼會來寫這本《印心・超生：禪宗第八十五代宗師 悟覺妙天禪師的慈悲行誼與智慧開示》，最主要的原因是為了報恩我與母親共同最敬愛的師父。我的母親是一位行誼善良溫暖及面貌莊嚴、很有涵養的女性，從小到大，從未見過母親發脾氣。她的父親在日據時代是一位工程師，也是一名會看病的中醫師，外公亦是一位非常和善溫暖之人，從來不生氣，聽母親說，如果病人是貧寒來看病，外公從來都不會收費。外婆則是虔誠學佛人，出錢出力熱心帶人來學佛，母親遺傳了父母的美好心性。

我因二〇一七年十月二十一日，去台中聆聽了師父一場「佛陀成佛正法與超生命禪」的演講會，讓我驚為天人，祂所說的真理是我從來沒聽過的，從我懂事以來，不知為什麼就一直渴慕尋求真理，一直想知道人生到底為何而來？將來要去哪裡？一顆心如同二祖慧可大師一樣，到處尋覓可以安心的主人。那一天，我終於找到了，一時「悲欣交集」，悲傷的是自己太慢遇到師父，欣喜的是我總算沒有錯過師父。

我馬上到師父的道場修行及上課，師父真是太寶貝了，祂教導了我在任何道場都沒有聽過的「法」，我得到猶如來自天神的神秘傳授，「天啟」般的智慧，師父是一位含藏宇宙奧祕的大寶藏者，令我道業進步神速，也讓我知道回永恆家的道路，從此心安下來了。在生活上一則欣喜，另一則憂心，憂是因為母親身體突然非常疼痛，卻檢查找不出原因。她到我家中養病，我親自照顧她，母親一向心很清淨，而我因上師父「宇宙科學禪」的課，則有機會告訴師父母親的狀況及恭請師父為我們超度所有的歷代祖先，母親竟然開天眼看到所有的祖先點香來感謝師父。前年二〇一七年抗日八十週年十二月十二日是外子祖父的忌日，我就去了忠烈祠祭拜祖父，祖父因全身裹手榴彈，炸日本坦克車而壯烈犧牲成了抗日烈士，而入祀忠烈祠，受到國家奉祀，沒想到當天祖父魂魄卻跟著我回家，讓我母親看到他，之後天天來家中，一待就好幾個小時（靈魂痛苦迫切想解脫）。母親就跟祖父溝通，才知道他希望師父能為他超度，所以我們就恭請師父為祖父及歷代祖先超度，祖父非常的開心到了天上，母親也恭請師父為她娘家的葉姓歷代祖先超度，之後所有祖先站在雲上全來感謝母親，他的大哥、大嫂還特別來家中感謝母親，母親因此竟在一夕之間全身都不痛了，連醫生都不敢相信，原本是開了三個月止痛藥。

另一則是我多年前在大陸讀書的研究所所長是我的導師，在泰國曼谷開會，發生車禍當場身亡，當天晚上老師就來給我托夢，我看見老師出現，並依靠在師父的身邊，隔天又來托夢，現出驚恐不已的狀態，我當下決定請師父為我的老師超度，超度完後，老師拿了一包白色禮物來送給母親，請母親轉交給我，謝謝我為他所做的事。靈界真是不可思議，廣大神通，都知道師父是真正在人世間有這個超度證量的人，可以救治人也可以救死人，一個人如果沒有真正的修行功夫，是沒有能力為別人超度的，因為那超度是沒效的。感恩師父，讓驚恐萬分的老師得到解脫。開天眼之後的母親看得到另一個法界實相，母親告訴了我，師父是真正唯一在人間的「大佛祖」，是來這個世界救度眾生的「救世主」，我們非常有大福報，才能在今生與師父相遇，要非常感恩師父。母親已經了無牽掛，而證得生死自在，她告訴我，佛菩薩常常都會來家中，都是一道道光身，我們的家因經過師父開光及加持過，所以母親說是人間淨土，是「光明的世界」。

二個月前，母親突然告訴我，她想要回淨土天家，請我轉告師父，師父馬上Line回我，時間還未到。但就在九月十一日，母親被師父及諸佛菩薩們一起接引回淨土，走得很安詳莊嚴美麗，臉上還放光，承辦的大體安置人員，和一直幫助我和

師父為作者母親淨化身體

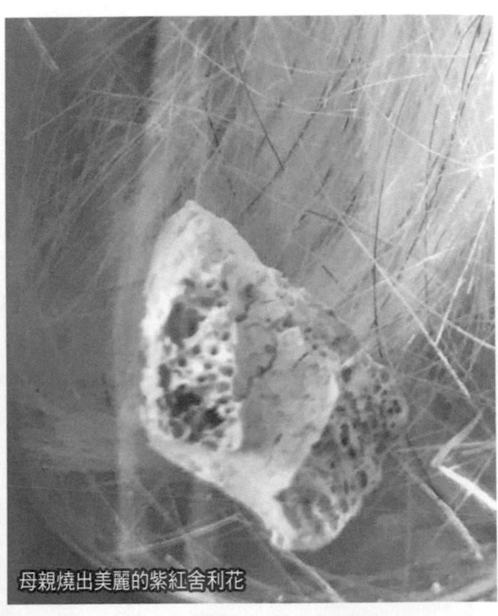
母親燒出美麗的紫紅舍利花

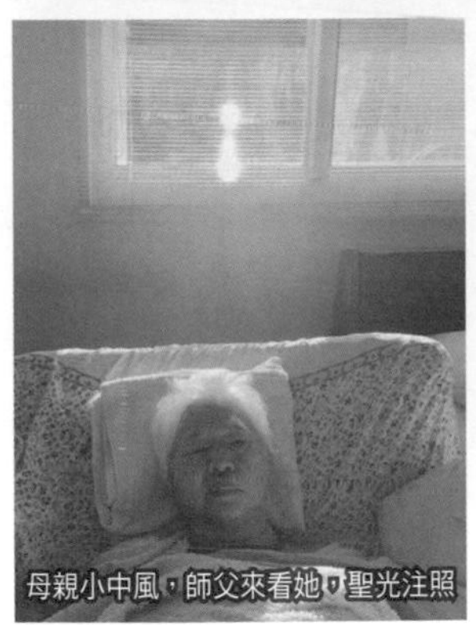
母親小中風，師父來看她，聖光注照

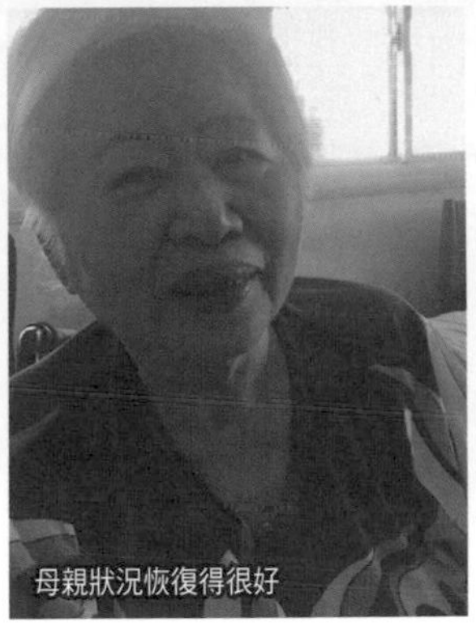
母親狀況恢復得很好

師父加持屋內放金光

地點：作者住宅。時間：2018 年 11 月 18 日、2018 年 12 月 28 日
母親微中風，恩師悲心至，原是傷心人，忽然得醫治，恩師證量高，滿室全聖光，母親開心，弟子感恩師父。

護持師父、跟我一起入門的李美珍師姐都說：「真是少見如此莊嚴美麗的菩薩，一定是修得非常好之人。」母親臨走之前，就常常告訴我一定要好好幫助師父，傳揚禪宗一世成佛大法「印心佛法」。八十三歲的她已經無力回報師父的大恩，她要我一定要盡心盡力護持禪宗及師父，所以寫這一本著作，是代表母親感恩師父的「大恩大德」，母親是非常開心的往生，就在我完稿的前五天走的。她一直都好好的，還開心的與我討論，如果她走了，除了師父給她加持放光的道袍及佩戴的佛珠，還想幫她穿什麼衣服？我說：「媽媽請放心！我一定會給祢穿得很漂亮。」一個人可以修持到如此不害怕死亡，是開心解脫要回天家去做菩薩，這是多麼殊勝的事。但這在師父禪宗一世成佛的法門，一點都不難。

母親才認識師父一年多，師父法身也常常來家中看望她，母親真的是好大的福報，因她見證到宇宙的實相，所以就生死自在了！師父和母親都知道，如果她太早走，我一定沒有心思好好完成這本著作，難怪之前她常常問我快寫好了嗎？我說：「是的，就差您的見證，很快就寫好了。」相信這個見證就是她所能做到，對師父最大的報恩，所以她終於可以安心的走了。感恩媽媽您的大愛，給了我豐富幸福的一生，而師父則給了我法身慧命，祢們的大恩大德，我真的是無以回報。最後我想用一段師父的法語，來表達我的願力，也勉勵自己及報恩師父對弟子我的教導。

「攝取眾生，莊嚴眾生，攝取佛國，莊嚴佛國，大佛心印，莊嚴眾生，涅槃妙心，莊嚴佛國。」要讓每個人的心都有一個很莊嚴的佛國。師父的心，也是弟子的心，師父是眾弟子們的標杆，也是我的標杆。師父說：看一個人有沒有成就，或是層次到哪裡，就看他的心量，看他的智慧，看他有沒有遠大的眼光，看他做人做事圓不圓滿。接引眾生以後要做什麼，就是要莊嚴他，怎麼莊嚴，就是以「大佛心印」來莊嚴眾生。那如何「攝取佛國、莊嚴佛國」，就是以涅槃妙心，來莊嚴我們自己的佛國，這就是修行的最高境界。人身難得，一代宗師難值，如今已遇，就當「用心」珍惜。感恩師父，讓我在最美好的時刻遇見了祢……

記得作家老舍曾說過一句話：「人若看透了自己，便不會小看別人。」沒錯！眾生皆是佛，都有一個「自性」，那如何讓祂發光，找到回家的路，這就是來這世界一大事，敬愛的師父，謝謝祢，知道回家的路，並要帶領我們回家。我也會以一顆光風霽月的心去幫助人回家，來報答祢的大慈恩，謝謝祢……我永恆的阿爸天父……

參考書目

禪天下出版

《印心佛法圓滿法門（上）》

《生命的祕密》

《佛陀成佛正法與超生命禪》

《禪坐入門》

《印心佛法・智慧法門（上、中、下）》

《佛祖心印》

《大佛心印25週年》

《迎接二十一世紀世界和平大法會紀念專輯》

台灣禪宗佛教會出版

《妙天禪師法語錄（一）》

聖光禪教會出版

《禪宗第八十五代宗師悟覺妙天禪師的禪修世界》

PEOPLE 439

印心・超生：禪宗第八十五代宗師 悟覺妙天禪師的慈悲行誼與智慧開示

編　著—趙詠珍
統籌策劃—黃國棟
協力編輯—劉綺文
美術設計—Rooney Lee
企　劃—藍秋惠

董事長—趙政岷
出版者—時報文化出版企業股份有限公司
一〇八〇三台北市和平西路三段二四〇號七樓
發行專線—（〇二）二三〇六—六八四二
讀者服務專線—〇八〇〇—二三一—七〇五
（〇二）二三〇四—七一〇三
讀者服務傳真—（〇二）二三〇四—六八五八
郵撥—一九三四四七二四時報文化出版公司
信箱—台北郵政七九～九九信箱
時報悅讀網—http://www.readingtimes.com.tw
時報出版愛讀者—http://www.facebook.com/readingtimes.fans
法律顧問—理律法律事務所　陳長文律師、李念祖律師
印刷—和楹印刷股份有限公司
初版一刷—二〇一九年十月二十五日
定價—新台幣三六〇元

時報文化出版公司成立於一九七五年，
並於一九九九年股票上櫃公開發行，於二〇〇八年脫離中時集團非屬旺中，
以「尊重智慧與創意的文化事業」為信念。

印心・超生：禪宗第八十五代宗師悟覺妙天禪師的慈悲行誼與智慧開示 / 趙詠珍編著.
-- 初版. -- 臺北市 : 時報文化, 2019.10

352 面 ;14.8*21 公分. -- (People ; 439)

ISBN 978-957-13-7998-2(平裝)

1. 禪宗 2. 佛教修持

226.65　　108017054

ISBN 978-957-13-7998-2
Printed in Taiwan